NASAは“何か”を隠してるⅡ

幽体離脱

量子論が“謎”を、とく！

船瀬俊介

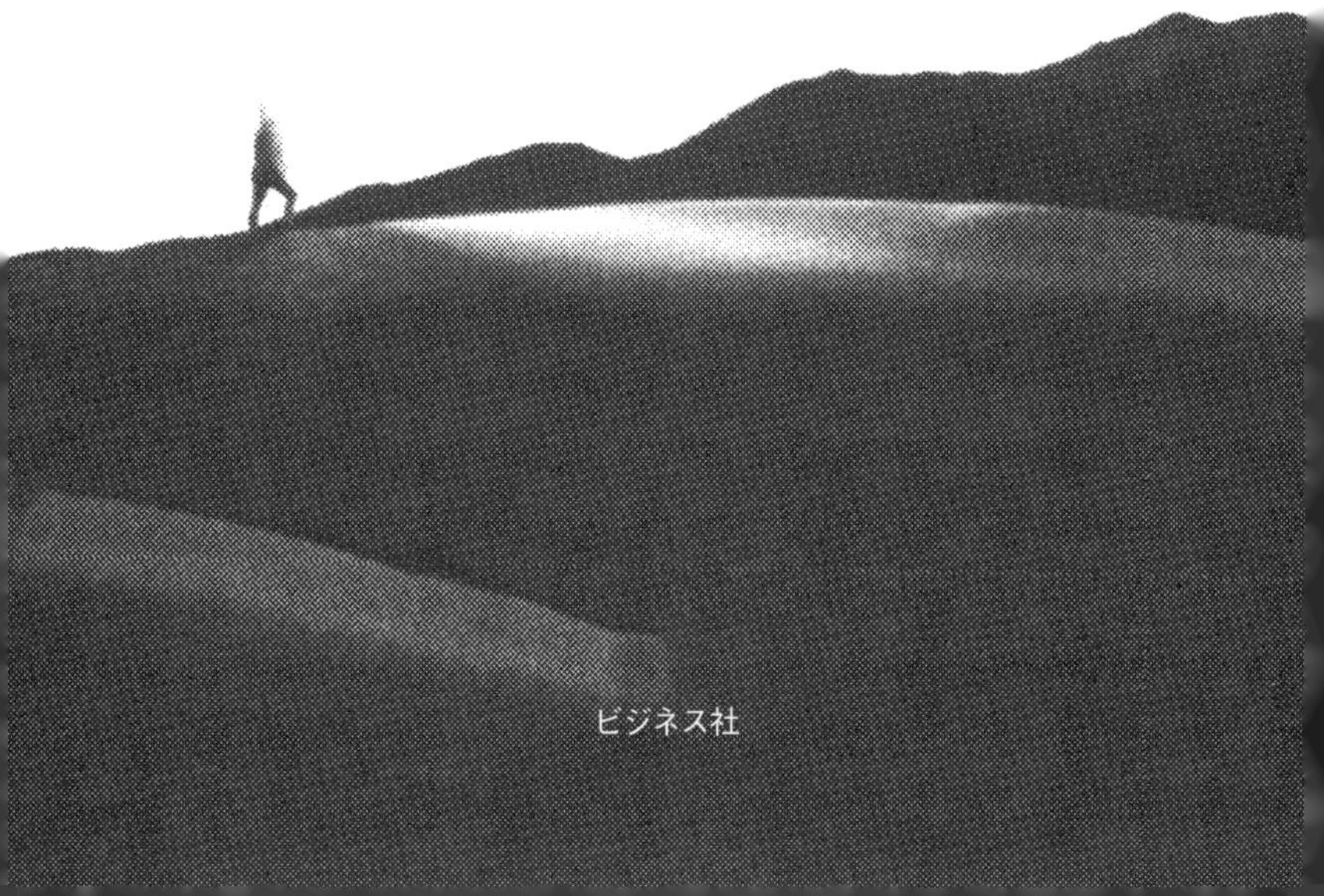

ビジネス社

プロローグ

ついに、「量子ヒモ理論」ノーベル賞受賞！
――一〇〇年の闇に、眩《まぶ》しい光が射《さ》してきた

死ぬことほど気持ちのよいことはない

「本当に気持ちよかった……」

「幽体離脱《ゆうたいりだつ》」――。

この神秘的体験を聞いたのは、真弓定夫先生からだった。

先生は「自然育児」を提唱してこられた著名な小児科医だ。

吉祥寺駅そばの質素な医院。その一室で、先生は問わず語りに話し始めた。

――ボクがまだ中学生のころですよ。体育の授業で柔道をやっていた。そしたら、相手が絞

め技をかけてきた。ボクは苦しくて畳を叩《たた》いた。

けど、向こうは気づかず、さらに絞めてくる。すると、一瞬、絞め技をかけられて、ぐったりしてる自分が目の下に見える。絞めてる相手もね。

そして、クレーンでカメラが持ち上げられていくみたいに、どんどん目線が高くなっていく。周りの生徒たちが、ぐったりしたボクを取り囲んで慌てている様子もハッキリ見える。それでも、どんどん〝クレーン〟は上がっていく。そして、不思議ですね。そのままだと、カメラは体育館の天井にぶつかっちゃうでしょ。

それが、いつの間にか天井を突き抜けて、今度は体育館の屋根が真下に見えるんです。

そして、生徒たちの叫ぶ声が聞こえた。

「センセーイ、真弓がぁ……」と呼んでいる。さらに「なにぃ！」と四方から駆け付ける先生たちの姿もはるか下に見えた。それでも、どんどん体育館の屋根は眼下に遠ざかる。

と、思ったら、一転、気がついた。意識は自分の体に戻っていた。

周りの、心配して、安心した友達や先生の顔、顔、顔……。

わたしは、ここまで聞いて、思わずこう問い返していた。

「……それは、死にかけたんだ。苦しかったでしょう？」

すると、真弓先生は、温顔をさらにやさしく緩《ゆる》めて、首を振りながら、にっこりほほ笑んだ。

「……いやいや、本当に気持ちがよかった。あれからの人生で、あんなに気持ちのよかったことは、ありませんね」

わたしは、あぜんとして先生の柔和なお顔をただただ、見つめ続けるだけだった。

「幽体」とはいったい何なのだ？

真弓先生は、その温厚なお人柄もあいまって、全国の母親たちから厚い信頼を得ていた。

戦後、粉ミルクメーカーと癒着した厚生省の人工栄養政策に、真っ向から反対してこられたのも、その正義感のなせる業《わざ》だった。誠実無比の先生が、つくり話などするはずはない。

少年時代の不思議な体験は、まさに事実そのものであったはずだ。

まさに――臨死体験。そして先生が感じた不思議な感覚……。

のちに、それは「幽体離脱」と呼ばれることを知った。

しかし、半信半疑とはこのこと。はたして、そのようなことが起こりうるのだろうか？

真弓少年に起きたことを理解しようとすれば、まず、柔道の技で首を絞められた。意識が遠のき視界が真っ暗となった。ここまでは、理解できる。

しかし、次の瞬間、先生は、空中から自分を見下ろしている。

視界の下には、ぐったりした自分……。なら、見下ろしているのはだれだ？

それは、「幽体」という〝第二の自分〟となる。

しかし「見えている」ということは、〝視覚〟がある、ということだ。

さらに、「先生、真弓がぁ」と口々に叫ぶ生徒たちの声が、はっきり聞こえている。

つまり、〝聴覚〟もそなわっている。さらに覚醒《かくせい》したあとも情景をありありと覚えている。

だから、幽体には〝記憶力〟もあるのだ。

さらに、先生は「あれほど気持ちのよかったことは、人生ではない」と明言された。

幽体であることは、それほど心地よいものなのか！

この幽体とは、いったい何なのだ……？


「なんで、命を助けたんだ？」


その後、ひょんなご縁で、俳優、丹波哲郎さんの講演を聞く機会を得た。

丹波さんは、別名〝霊界の大御所〟という異名で知られていた。わたしは、まさに目と鼻の先の距離で、その〝大御所〟から、高説を拝聴することとなった。

その日の丹波さんは、ノリに乗っていた。

あの鼻に抜ける低音の独特の語り口で、こう宣《のたま》われたのだ。

「……〝死ぬ〟ことほど、気持ちのいいことはないんだナ。コレが……」

わたしは、呆気《あっけ》にとられて、そのお顔を見上げた。

しかし、彼は、恍惚《こうこつ》とした表情で語り続ける。

「……あまりの気持ちのよさに、命を助けられた奴が怒ったというんだナ。『なんで、助けたんだ！　あんなに気持ちがよかったのに』と、食ってかかった」

命を助けられて、怒って抗議する……というのも、おかしな光景ではある。

まるで、落語の一場面だ。

しかし、丹波さんにいわせると、〝死ぬ〟ことは「気持ちよくって、気持ちよくって、あれほど気持ちのよいことはない」という。

わたしは、このとき、真弓先生の一種、恍惚とした表情を思い浮かべた。

「……あんなに気持ちのよかったことは、人生で一度もない」

臨死体験は脳の錯覚イメージか？

臨死体験については、現代科学の解説は、次のようなものだ。

「死の直前に快感を感じるのは、快感ホルモン〝エンドルフィン〟が放出されるからだ」

「それは〝死の恐怖〟を和らげるため、生体にあらかじめプログラミングされている」

なんだ……と拍子抜けしてしまう。たんなる、生理現象か？

でも、臨死体験者は、〝お花畑〟を見たり、〝三途《さんず》の川〟を目前にしたりしている。

しかし、これらも現代科学は「恐怖を緩和するため脳にプログラミングされた〝幻想〟にすぎない」と結論づけている。

なんだ、そういうことか……。つまりは、臨死体験として巷間《こうかん》伝えられるさまざまなエピソードも、つまるところ「脳の錯覚」にすぎない、と結論づけられているというわけだ。

しかし――。

ちょっと待った！　冒頭の真弓先生の体験に戻ってみよう。

先生は、体育館で、ぐったり横たわる自分自身を空中から見下ろしている。

しかも、生徒たちの叫び声を聞き、さらには、体育館を見下ろす高所から、四方から駆け付けてくる教師たちの姿も見ている。

これらは、あらかじめ脳にプログラムすることは、不可能だ。

臨死体験で、肉体から離れた〝何か〟が、一部始終を目撃し、記憶しているのだ。

既存の〝脳プログラム〟理論では、まったく説明できない。

つまり、プログラム理論は、過ちなのだ。

量子力学が解明した「肉体」「幽体」「霊体」の実在

「波動医学」の根本「量子力学」

その後、わたしは、「波動医学」シリーズの著作にとりかかった。

最初の『未来を救う「波動医学」』（共栄書房）執筆にあたり、マックス・プランクの驚愕《きょうがく》理論に出会った。

彼は、今も〝量子力学の父〟と称《たた》えられている。

量子論の祖は、こう断言しているのだ。

「……宇宙のあらゆる存在は『波動』であり、その結果である。いかなる物質も存在しない」

つまり量子力学こそが「波動医学」の根本理論なのだ。

ここで、量子力学と聞いても、まったく意味不明の人がほとんどだろう。

それは、この最先端の物理学が、約一〇〇年もの間、人

「量子力学」の父、マックス・プランク

類の眼から隠蔽《いんぺい》されてきたからだ。

われわれは、物理学といえば、反射的にアインシュタインの相対性理論を思い浮かべる。まさに、条件反射だ。その背景には、量子力学から人類の目線をそらすための悪意が存在していた。その「悪意」とは、まさに近代から現代にかけて地球を支配してきた「悪意」そのものであった。

別の言い方をすれば、〝闇《やみ》の勢力〟である。

さらに、具体的に断罪すれば、(1)イルミナティ、(2)フリーメイソン、(3)ディープ・ステート(DS)の三層構造をなす。

彼らは、人類を支配されるべき〝家畜〟とみなしている。

まさに、悪魔の思想だ。

だから、この構造は、人類支配〝悪魔のピラミッド〟なのだ。

その詳細については、第3章で詳述する。

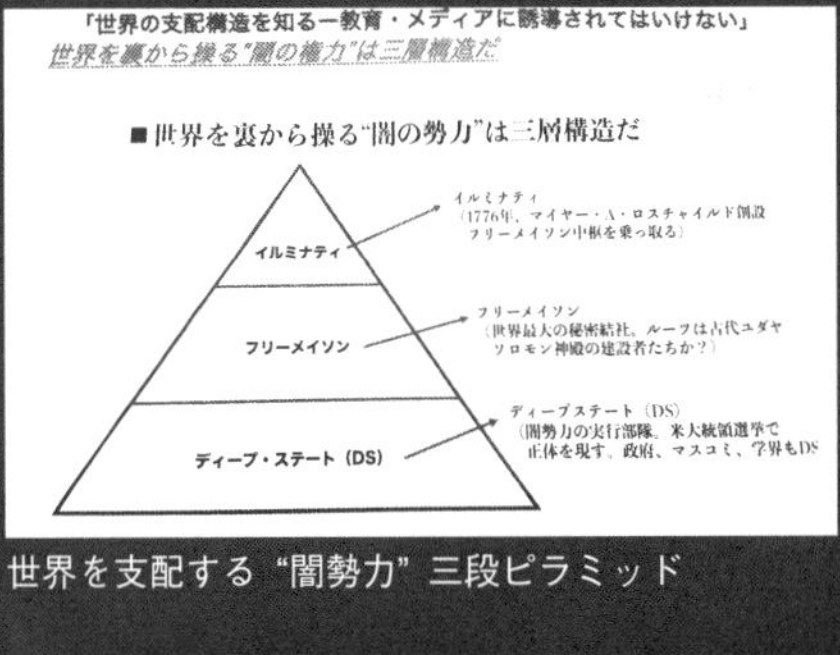

「世界の支配構造を知る一教育・メディアに誘導されてはいけない」
■世界を裏から操る"闇の勢力"は三層構造だ
イルミナティ
フリーメイソン
ディープ・ステート(DS)
イルミナティ
(1776年、マイヤー・A・ロスチャイルド創設
フリーメイソン中枢を乗っ取る)
フリーメイソン
(世界最大の秘密結社。ルーツは古代ユダヤ
ソロモン神殿の建設者たちか?)
ディープステート(DS)
(闇勢力の実行部隊。米大統領選挙で
正体を現す。政府、マスコミ、学界もDS

世界を支配する"闇勢力"三段ピラミッド

"光速絶対論" 100年の"嘘"は、ばれた

〝闇支配〟洗脳からの解放

——量子力学とは何か？

それまでの物理学は、物質の最小単位は、原子核（陽子・中性子）である、と考えていた。しかし、研究が進むにつれ、陽子や中性子も、さらなる細かな粒子で構成されていることがわかった。その各々の粒子が〝量子〟である。これまで、クォークやニュートリノなど何種類もの量子が発見されている。

そして、これら量子の存在は、従来の科学では解明できない不可思議な〝振る舞い〟をすることが判明している。

たとえば、ボールを投げたり、落としたりする。その動きのメカニズムを解明したのがニュートン力学である。

しかし、超ミクロの存在である量子は、これらの物理法則を無視した〝動き〟をする。

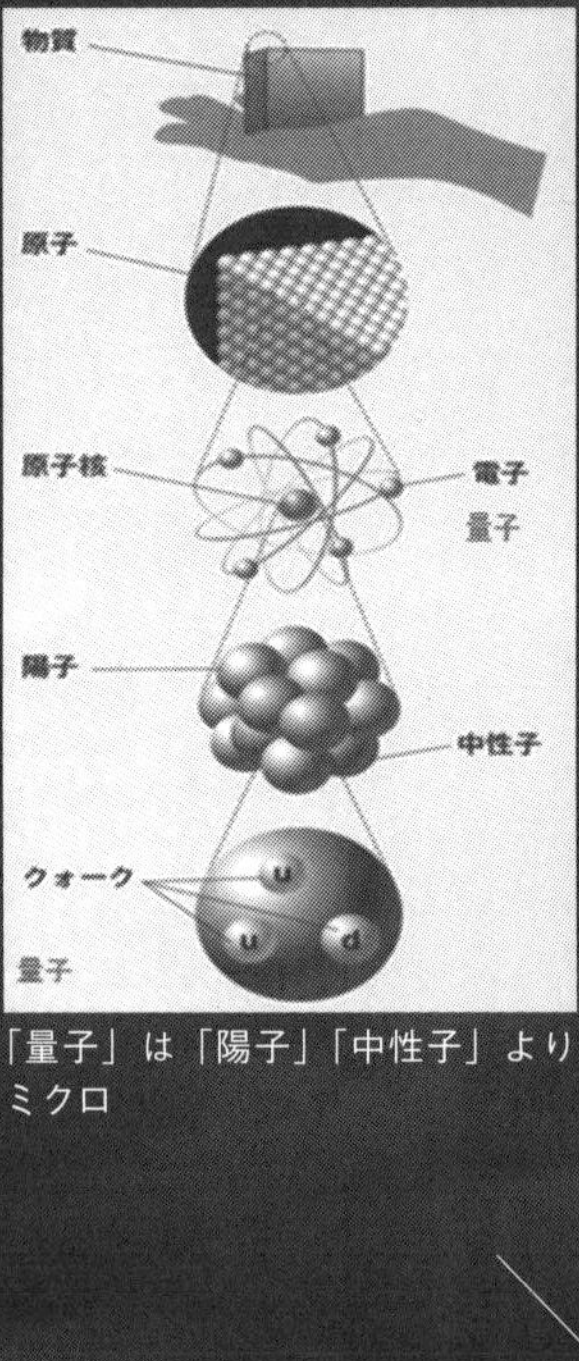

「量子」は「陽子」「中性子」よりミクロ

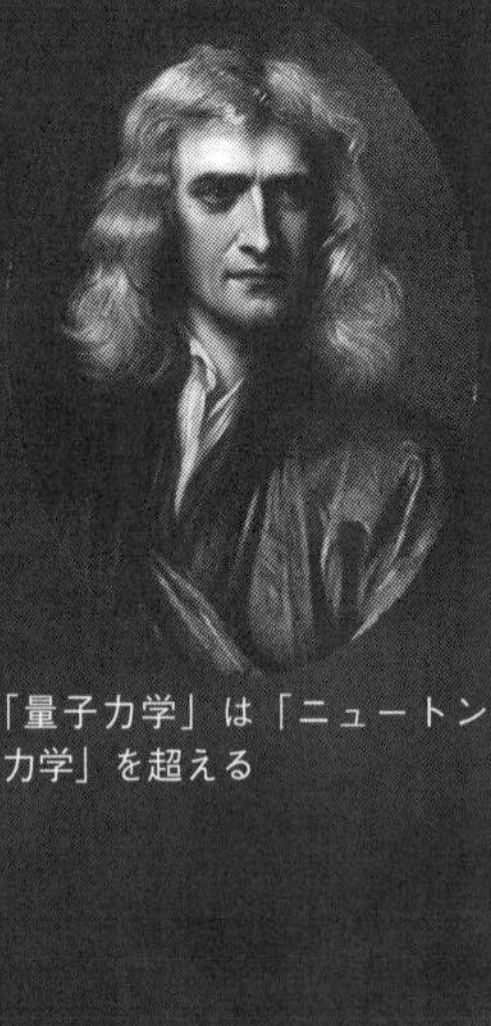

「量子力学」は「ニュートン力学」を超える

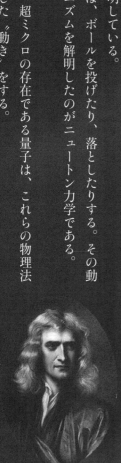

〝闇の勢力〟が恐れたのは、人類がこの未知の領域の存在に気づくことだった。

だから、明治三八年に発表されたアインシュタインの相対性理論という〝ペテン理論〟で洗脳し続ける必要があったのだ。

人類を支配する悪魔勢力は、〝家畜〟が真実に目覚めることを許さない。

しかし、無理やりの〝洗脳〟もいつかは解ける。

まさに、いま（現在）が、そのときなのだ。

宇宙には一一次元が存在!?

量子力学は、旧来物理学をはるかに超越している。

以下の一事からも自明だ。量子論は、人体の存在を三層構造の〝エネルギー体〟とみなしている。「肉体」「幽体」「霊体」だ。マックス・プランクの波動原理に基づけば、これら三層は、すべて〝エネルギー体〟である。「霊体」は「アストラル体」、「幽体」は「エーテル体」と表記される。

そして、これら三層構造も便益的に分類されたものであり、厳密には約一〇層ものエネルギー層で構成されている、といわれている。

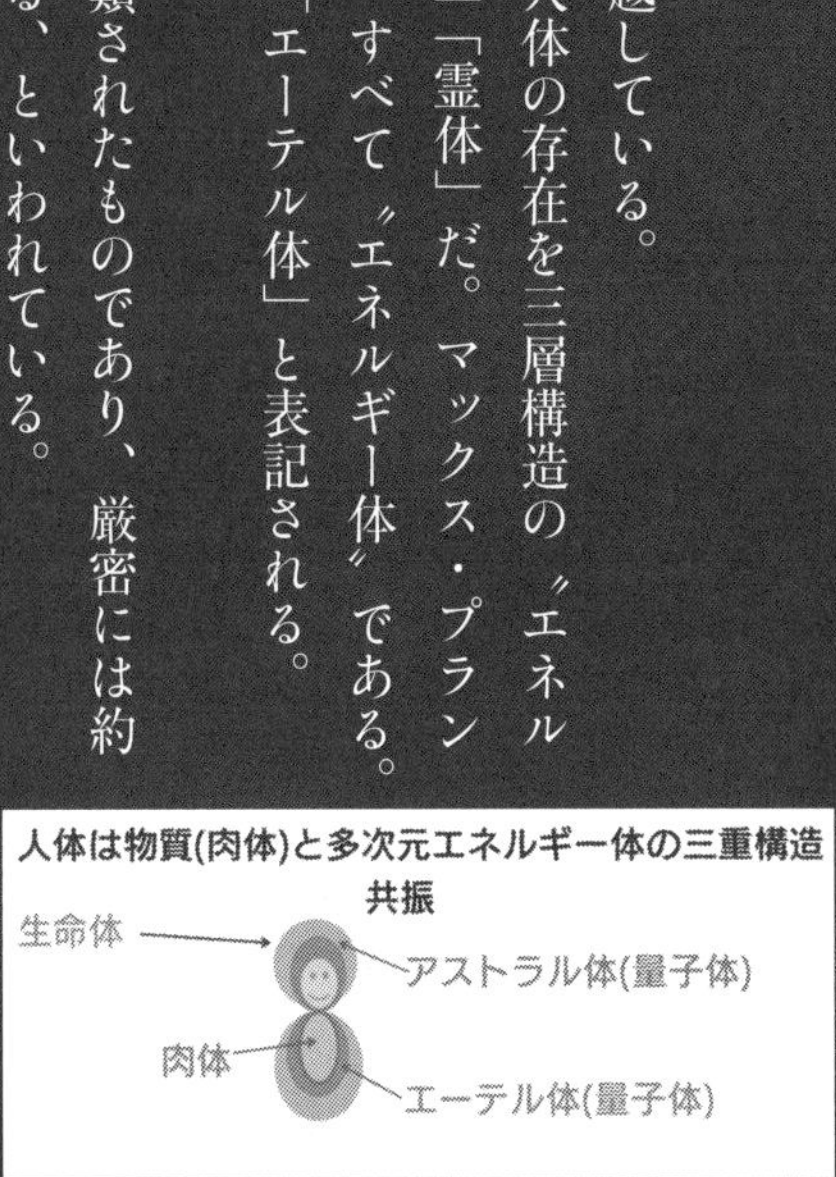

人間の存在は「肉体」「幽体」「霊体」だ

これらは、エネルギー体であり、別の言い方をすれば次元（デメンション）である。

量子力学が到達した最新知見では、理論的に宇宙には少なくとも一一次元が存在する、という。

たとえば、目撃されたＵＦＯが、突然、消えたり、また現れたりする。これは、ＵＦＯが自在に〝次元〟を移動しているからだ、という。

さらに、未確認飛行物体は、われわれ人類が知っているニュートン力学では、ありえない加速や、方向転換をして、目撃者を驚かせる。

これも、ＵＦＯが異次元の存在であり、異次元のテクノロジーを使っているからだ。

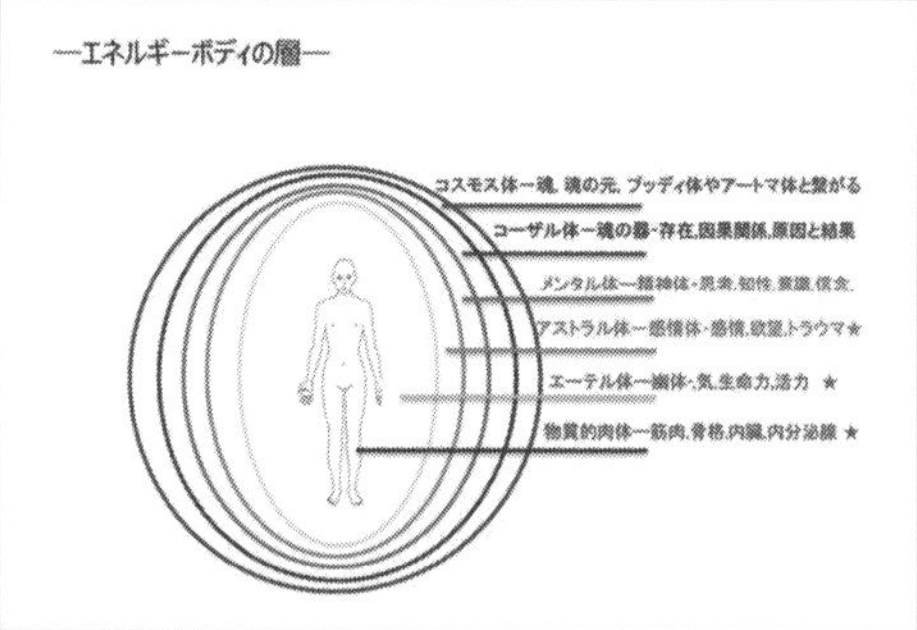

人間を包むエネルギー体は何層にも重なる

「量子ヒモ理論」ノーベル賞受賞！　新時代の夜明け

『世界をだました5人の学者』

「幽体離脱」は、もはや都市伝説でも、オカルトでもない。

それは、歴然とした最先端理論が解明する「科学現象」なのだ。

――「迷信」から「科学」へ――


これこそが、本書のモチーフ（主題）である。

二一世紀、人類は「知」の大転換を、迫られている。

その梃子《てこ》となるのが、量子力学なのだ。

この「知」の発見を抜きにしては、もはや、何事も語れない。

近代から現代にかけて、悪魔的な〝闇勢力〟は、人類に対して巧妙に真実を隠蔽してきた。

その〝めくらまし〟に使われたのが、物理学ではアインシュタインの相対性理論である。

ちなみに心理学ではフロイトのペテン精神分析が使われた。経済学では、いうまでもなくカール・マルクスの共産主義である。医学ではベルリン大学学長などを務めたルドルフ・ウィルヒョウ。彼は、人類の死因一位は医者である……という驚愕《きょうがく》悪夢を生み出した死神である。

重ねて、〝栄養学の父〟は心臓マヒ死八倍、大腸ガン死五倍、糖尿病死四倍……という肉食を礼賛したカール・フォン・フォイトだ。まさに、近代医学と栄養学は、人類殺戮《さつりく》の大量破壊兵器そのものだった。（参照『世界をだました5人の学者』ヒカルランド）

量子もつれ！　一mでも一億光年でも

しかし、〝闇勢力〟の隠蔽工作も、ついに限界を迎えた。

約一〇〇年間も封印してきた量子力学の実態を、もはや隠し切れなくなったのだ。

その典型が二〇二二年、ノーベル物理学賞の異変である。

長きに渡って量子力学を研究してきた学者に、突然、スポットライトが当てられた。

それも、三人同時だ。アラン・アスペ博士（仏、サクレー大学）、ジョン・クラウザー博士（米、クラウザー研究所）、アントン・ツァイリンガー博士（ウィーン大学）。

授与の理由は「量子もつれ」現象の解明に対する功績である。

「量子もつれ」で、ついにノーベル賞受賞！

彼らは一九七〇年代から、この現象の研究に取り組んできた、という。

まさに半世紀もたってからの表彰となった。

「量子もつれ」とは、別名「量子ヒモ理論」と呼ばれる。

それは、対の量子のうち、一方が変化すると、瞬時に他方も変化する……という特異な現象である。あたかも、量子と量子が〝ヒモ〟で結ばれている、としか思えない不可思議な現象だ。

そして、研究者たちを驚愕させたのは、その量子間の距離だ。

それは、一m離れていても、一億光年離れていても、他方の量子は、瞬時に同じ変化をするという。

「光速を超える物は存在しない」と主張したアインシュタインは生涯にわたって、〝ヒモ理論〟を否定し続けた。絶対否定も無理はない。「量子もつれ」現象を認めると、彼のよりどころであった相対性理論は、崩壊してしまうからだ。

しかし、アスペ、クラウザー教授らは、克明かつ詳細な実験により、この「量子もつれ」の正しさを証明したのである。それは、受賞者三人だけの功績ではない。

ツァイリンガー教授（ウィーン大学）は、「一〇〇人以上の若い研究者たちと研究を進めてきた」と胸を張っている。

量子コンピュータ、理論はすでに現実に……

量子テレポーテーション

「量子もつれ」は量子力学の根幹理論だ。それを、ノーベル財団が受賞させたのは、逆にいえば、旧来の相対性理論に引導を渡したも同じだ。

ノーベル賞は、別名〝ロックフェラー賞〟と揶揄《やゆ》されてきた。それは、闇勢力の一翼、ロックフェラー財団が多額の寄付をしてきたからだ。それは、他方のロスチャイルド財閥も同じ。

ノーベル賞の正体は、人類〝洗脳〟装置の一面もあった。

こうして、〝やつら〟は人類の知を乗っ取ってきた。

しかし、一〇〇年近い隠蔽工作も、終わりを遂げた。

一言でいえば、〝闇勢力〟も「隠し切れなくなった」のだ。

すでに、量子力学は多様な産業分野で導入されつつある。

とりわけ、瞬時の情報伝送を可能にする「量子もつれ」は、量子コンピュータへの導入が加速されている。つまり、これら現状を踏まえ、ノーベル委員会は、遅ればせながら、三人の量子力学研究者へのノーベル賞授与に追い込まれた形なのだ。

「量子もつれ」理論のノーベル賞受賞で、がぜん注目を集めているのが量子テレポーテーションだ。「量子もつれ」で、一方の量子から他方の量子へ〝情報〟が瞬時に飛ぶ。

それは、光速をも超える。

そして「すべての存在は波動である」と喝破したプランクの「箴言《しんげん》」を胸に刻むべきだ。よって、われわれ人類も「波動」にすぎない。だから、「意識」も波動である。

具体的には「意識」は「ニュートリノ等の波動エネルギー」という。

そして、量子はテレポーテーションする。瞬時に時空をさえ、超えるといわれている。

新しい次元に、一歩を踏み出そう!

SF(空想科学)は現実に

量子力学では、人体を「肉体」「幽体」「霊体」の三層構造とみなしている、と述べた。「幽体」も波動エネルギー体だ。それが、肉体から遊離する。それが、「幽体離脱」現象である。そして、これまで多くの知験で「幽体」には明らかに五感が備わっている。

「視覚」「聴覚」「嗅覚」「味覚」「触覚」さらには「記憶」までを持つ。

これら感覚は、脳によって処理されている……と思われてきた。

しかし、「幽体」は肉体（脳）から離脱しても、これら機能を有している。

だから、「幽体」とは、五感とメモリー機能を備えたエネルギー体と定義づけることができるだろう。

これら幽体の感覚と記憶は、脳を離れても存在しうる。不可解というしかない。

近年、水は「情報」を「記憶」「転写」「学習」することが証明されている。

これらは、ニュートリノなど量子の波動（周波数）と考えられている。

なら、脳細胞を経なくても五感記憶はありうることになる。

超能力、超常現象の解明へ

また、これらがニュートリノなど量子波動で「感知」「記憶」などされるなら、超能力や超常現象などは、すべて解明されることになる。

「読心」「透視」「念動」（サイコキネシス）、「遠隔透視」（リモート・ビューイング）なども明快に説明できる。

さらに、人体も「物質」でなく「波動」存在なのだ。なら「瞬間移動」（テレポーテーション）で場所や時間を超えることすら、可能なのではないか？

「時空を超える!?」

つまり「瞬間移動」「タイムマシン」。

さらに、量子力学は宇宙は最低一一次元が存在する、という。

ならば、UFOに乗って来たエイリアンたちも、このテレポーテーション技術を駆使していることは、まちがいない。加えて、反重力など人智《じんち》を超えたテクノロジーも満載だろう。

まさに、SF映画の世界だ。

しかし、三流SFと笑っている場合ではない。

それは、まさに現実として身辺に出現しているのだ。

本書は、その膨大な異体験への、ささやかな入り口にすぎない……。

——さあ！　扉を開け、新しい次元に、一歩を踏み出してほしい。

第4章　宇宙すらも支配する〝闇勢力〟　消して、隠して、ねつ造する

――もう〝やつら〟にはだまされない！

第5章　「知の大崩壊」の後に開ける量子論、宇宙論、未来論

――すべてをリセットし、幼子のまなざしで受け入れる

第6章　まずは「魂」を解明、それは〝磁気メモリー〟の旅か？
——肉体から離れた「幽体」は「霊体」となり高次元へと旅立つ

第7章　生まれ変わり「輪廻転生」の神秘が、ついに解明される
——前世の記憶は、胎児の新しい生命に転写され引き継がれる

第8章　宇宙も、時間も、空間も、われわれの想像を超えている
——タイムマシンも、テレポーテーションも、ありうる

第1章

わたしも、あなたも……！あまりに多い「幽体離脱」体験

――「今まで黙ってたけど」それはもうあたりまえ

「オレは行くからなッ！」黒澤明の霊は怒鳴った

川村蘭太氏（七八歳）作家・俳人‥巨匠、黒澤明監督が死後三日目、突然訪ねてきた！（彼は大監督の右腕として二〇年近く仕えた側近中の側近）

雨戸が突然バーンと叩かれ黒澤さんの声が！

――監督は最後は、寝たきりでした。亡くなったのは一九九八年九月六日。

それから三日目。真夜中のことです。

午前二時すぎ。二階の書斎兼寝室で、ボク一人で寝てました。ちょうど眠りが深く落ちこんだころです。九月初め、雨戸は閉め切って室内は真っ暗。周りは当然、静まり返っている。

そしたら、「ダーンッ」と雨戸にぶつかるようなすごい音がした。

手でバーンと誰かが叩いたのか？　びっくりして目を覚ました。

おっ、と思って枕元の電球をつけた。なんだろう？　すると、もう一回、バーンッと叩いた。

一回目より少し弱かった。そしたら、はっきり黒澤さんの声がした。

「オレ、行くからなぁッ！」

それから、静かになった。で、そこから目が醒《さ》めて……鮮明に黒澤さんの地声でした。

それも元気なころの声です。ようするに寝たきりになってからの弱い声ではない。

「乱」やなんか撮ってた頃の、怒鳴ってた、ああいう声でした。野太い声です。

「オレは行くからなッ！」て言われて「エッ、どこへ？」と一瞬、戸惑い、面くらいました。

「オヤジだ！」お別れにハッパかけて逝《い》った

亡くなって三日目。こちらもちょうど疲れが出てた。

ふりかえると九月六日、お昼少し前に、監督の長女、和子から電話が入った。

「……パパが危ないからすぐ来て」。それで、自転車に乗って成城のマンションに駆けつけた。一〇分ほどの距離。ご自宅に着いたのは息を引き取られたころでした。黒澤さんのご遺体に対面しても悲しむヒマもない。すぐにマンションを出て、うちの家族、娘二人と女房に言った。「マスコミ取材など殺到するだろう。これから何が起きるかわからない。だから、ちょっと家を出てなさい」

続いて、葬儀を仕切る人を呼んだり、打ち合わせしたり。葬儀委員長を押さえたり……。お通夜では、ボクは香典係をおおせつかった。通夜から本葬儀までずっと仕切りました。目が回るようでしたよ。だから三日目にはグダグダで寝てたんです。

そのバーンッ！　というゲンコツで叩いたような音。まるで忠臣蔵、大石良雄の四十七士が吉良邸《きらてい》討ち入りでカケヤで扉をぶん殴ったような。本当にベッドの上で飛び起きた。

それで、電気をつけると、「オレ、行くからなッ！」「あれ、オヤジだ！」。

ああ……なんだ？　これは？

……それっきり、静寂。そのことがあったので、四時くらいまで寝られなかった。あの余韻と元気な声……。「おまえら、オレが行ったあと、みんなで仲良くやれよ！」ということなのかな、と考えた。なんで、知らせに来たんだろう？

長女の和子さん「死んだ日に来たわよ」

そんなことがあって、四日目、ご自宅マンションの後片付けに伺った。お骨が戻ってきて、天皇陛下から榊《さかき》が届いたり。文化勲章の受章者は、そうなのかな？　とか、それから、小一週間は、遺品整理なんかで大変でした。助監督や黒澤組も手伝ってくれました。

……目をこすりながら、四日目、そこに和子がいたんで、「おい、カコ、ちょっと来いよ」と誰もいない部屋に呼んで「じつは、昨日オヤジが来て、『オレ、行くからな！』って、言われたんだよ」。

そしたら「なに言ってんのよ。私は死んだその日に来たわヨ」「えっ、おまえにも来たのか？『オレ行くからな』と言ってた？」「うん、『元気でやれよ』みたいなこと言ってた」。

なんと、監督は実の娘には、死んだその夜中に別れを告げている！

これまた驚いた。ボクがこんなこと言ったら和子に「馬鹿言ってんじゃないよ」「頭おかしくなったんじゃないの」と怒られるかと思ったら、あ

死後3日目「オレは行くぞ！」霊は叫んだ

いつはニッコリ笑って、おれの顔見て「ああ、おまえにも来たのか？」みたいな顔してる。なんだ、そういうものか。彼女は平気な顔で「多分ね、いろんなところにパッパッ……と、行ったと思うよ」と笑う。

「鈍感な人は、わかんないだろうけど、橋本忍さんのとこなんかも、行ったんじゃないの？もしかしたら、仕事が嫌だから行かなかったかもしんないけど、アッハハハ……」

天下の黒澤の娘も、こういうこと、平気なんだ！　腹が据わってる。

そんな話をしながら、互いに、二人で泣き笑いしたものです。

UFO「巨大母船」の〝宇宙大会議場〟に招かれた

松尾みどりさん　評論家：女子高生のとき、交通事故で不思議な体験をする

一五歳、事故現場を見下ろす、すべて静かだ

――一五歳のとき、交通事故に遭う。通学途中、横断歩道でバイクに激突された。背骨、骨盤まで打撃で、覚えているのは強い衝撃。坂道の横断歩道。トラックの陰からバイクが飛び出す。横断中の私は跳ね飛ばされた。オートバイのドライバーも急ブレーキをかけ激しくスピン。

生垣に激突。私は電車の軌道に叩き付けられた。

そのとき不思議なことが起きたのです。クンダリーニ（尾骶骨《びていこつ》）のチャクラからトルネードのような熱エネルギーが沸き起こった。……なんの感情もない。無音で本当に静かです。高い所から事故の現場を見下ろしていました。すべてが、ゆっくり、ゆっくり、スローモーションで動いています。悲しみも、苦しみもない。じっと上から見ているのです。靴や鞄《かばん》の中身が、ゆっくり、コマ落としで飛んでいく。とっても静か……。フッと見ると、セーラー服の女の子が電車の軌道の横に倒れている。単車は木っ端《こっぱ》みじん。意識は、向けたところにズーム・イン。高一になったばかり。セーラー服がぎざぎざに破れている。下着まで破れていた。少し、恥ずかしい……。

……と、身体に、ホッと引き戻された。

「痛い！　痛い」。思わず、声を上げていた。友達がタクシーで病院に運んでくれた。幸い大怪我はなく、自宅に戻って来られた。

アレはいったい何だったのか？

すべてが球体で見える。球体の真ん中から三六〇度、見える感覚です。

子どものころから〝見えない〟ものが見えた

二四歳で結婚。相手は外科医。臓器移植の専門医です。一九八〇年代、肝臓移植は当時、日本では始まったばかりでした。ケンブリッジ大学へ留学。生体移植医療技術をさらに修得。生体肝移植では「脳死」判定が重要です。心停止前に判断する。体の中は、まだ〝生きて〟います。手術現場ではドナー（臓器提供者）からの臓器を受け取る患者……。

スコットランドでの例。ドナーは三〇～四〇代男性。交通事故で運ばれ、「脳死」と判定されるや、真夜中でも、腎臓、肝臓、心臓……とバラバラに摘出する。それを冷蔵器に入れて運ぶ。時間が勝負。……このように、〝完全に人が死なない〟うちに、移植が行われるのです！

突然の死は、ドナーの性格波動が受臓者に影響を与えることも判明しました。

ものすごく違和感がありました。

じつは、子どものころから、〝見えない〟ものが見えたりしてました。

結婚してからも巨大なＵＦＯを見ています。マンションの物干し場から空を見上げると、何十機も続くような母船です。そして、〝通信〟が始まるのを感じました。

子どものときから、自分の中で、いつも疑問に感じていました。

大人の世界をずっと見ながら「この人たちは何となくオカシイ。いつも他人の言動をすごく気にしているみたいだ」。

お葬式のとき、お坊さんに対しても「なんで、こうなんだろう？」と違和感を覚えていた。当時、夫は九州大学、内臓外科の臨床医。世界の文献を「あれ訳しとけ」と一方的に命令する。免疫系がなんだかんだと英語の医学勉強が大変でした。

巨大「宇宙船」の壮大な会議場に招かれる

夫は当直で不在の日。部屋の中央にピカッと光。何？　と思うまもなく、渦巻き状のエネルギーにゴーッと吸い込まれてしまった。次の瞬間、目の前に突然現れた「スリット」のようなポータルを抜けると、すごい速度で空中を飛翔する。ものすごい勢いで上昇していく。地球の輪郭が一瞬見えたように感じた。一瞬の後に漆黒の闇《やみ》。猛烈な勢いで次々に空間が変化し、光が見えてきた！

そこは巨大な「宇宙船」の中でした。まるで国連の会議場のよう。ただし、サッカー競技場より広く、天井真上は、全面が円形スクリーン。太陽系やいろんな星々が映し出されている。真ん中には地球が……。

観客スタンドに座っているのはグレイ型宇宙人と思うでしょう。あれも一つのプロパガンダですね。私が会った宇宙人たちは、みんなヒューマノイド型の人間の格好をしていました。金髪、黒い髪、いろんなところから来ていた。

博士みたいに見える宇宙人が私に来るよう指図する。すると、またテレポーテーション。DNA専門部門に移動したよう。彼は「地球人をどのようにして創ったか」詳しく見せ、解説してくれました。DNA操作で地球人は創造されたのでした。

最初、地球を離れるときは成層圏を超えるとブラックバリアに一瞬突入。ものすごい振動。全身を襲う。気持ちが悪い。地球上空は漆黒の闇。これは何？　「これは地球人の集合意識……」どこからか声。真っ黒で煤《すす》のよう。それを通り抜けると明るく眩《まぶ》しい光の世界が飛び込んでくる。そこが会議場だった。地球へ帰還するときは、椅子に座らされて「一〇数えなさい」と言われた。ブラックバリアは通らず、あっという間に部屋に戻っていた。

友達に、見てきた体験を話す。すると、彼女はあっさり「夢でも見てたんじゃないの？」。

熱い、熱い、ポンッ！　四〇代、最後の臨死体験

当時は精神的にも、肉体的にも、とても疲れていました。

病院で診察を受ける。お爺ちゃんの医者は「一分間に七回しか心臓が打ってないな」。「脳死ですね」。じつは年配の看護師が点滴薬をまちがえたのです。

私は生命の気が抜けて、イカかタコが床にべろーんと横たわったかのよう。

「……ああ、自分は死ぬ」

足の先から生命の気が抜けていく。「精気」が抜けたあとの体は氷のように冷たくなっていく、細長い風船の先からシュワシュワとしぼんでいく感覚……。第三チャクラ（太陽神経叢）がすごく熱い！　感情が不安定のままで、うまく通過できない。具合が悪くなった。熱い！熱い！　第四ハート・チャクラ（胸腺）までくると穏やかになり、脳幹を通って、頭の頂から「ポンッ！」と音とともに「やっと、出た！」という感覚。肉体に閉じ込められていた〝もの〟が外に出て、上から見ている。

その後は虹色のエネルギーの渦巻くシリンダーの中に突入。いくつかのゲートを通過したが、そのうちお尻にバキュームがついたみたいに、病室に戻された。

「……ああ、こうやって人間は死んでいくんだな」

それから、ホログラム・スクリーンが見えてくるようになりました。

これは、半透明のプラスティックスクリーンみたいなものです。〝映像〟にはその人の意識の内容が映し出されます。人と話すと、その人の潜在意識にあるものが映るのです。

「今回の誕生の目的は？」「……私とは何か？」それは、生まれるとき、母親の産道を通ると、一旦忘れてしまっている記憶です。それは、命の始まりにプログラムされたもの。それが、〝スクリーン〟に映し出される。見える世界と見えない世界は、つながっている！　それが投影されるのです。

人類は生まれたときの「宇宙意識」に戻るべき

人間は、生まれてくるときから、「宇宙意識」を持っています。

私の祖母は、七〇代まで現役でお産婆さんでした。私も小さいときから、人の生まれることの神秘を感じていました。一〇月一〇日で、一個の受精卵が三七兆個の細胞になる！　その間に母親の感情や思いは胎児に直結していく。だから祖母は「胎教は大事だよ」と言ってました。「赤ん坊は、二歳までに人間として生きる基礎を修得する」とも。母親は授乳するとき、赤ちゃんにテレパシーを送り、共感で育つのです。授乳をしているお母さんの頭上には虹色のパステルカラーのオーラが見えます。

赤ちゃんは、それから二足歩行を始めると、お母さんをふりかえり、「見守り」を確信します。また歩き始めます。お母さんは、それを見守るのです。そして、母親の言葉で何度も学習する。すると、体の中に〝あること〟が起きます。生まれるときの宇宙意識を感じるのです。

キレる子は、自分のことをしゃべれない。感じとれない。言葉が出ない。

母親とコミュニケーションが取れなかった子どもです。

人は、怒り、恐怖、無力感でハート・チャクラをずたずたにします。すると、体内に炎症が起きる。場合によってはT型白血球が激増し、サイトカイン・ストームが起こる。免疫力が低下したり、免疫暴走を発症することもある。こうして、最後は亡くなっていくのです。

いま、人類の体のなかで問題が発生しているのです。

「私は何のために地球に生まれたのか？」

あらゆる生命は、まったく同じ宇宙エネルギーから分化したひとつのものである。それが、わからない。すると、不安、恐怖、怒りなどが発生してくる。

宇宙人は、人類のことをとても心配しています。宇宙人も周波数が多様です。だけど、宇宙人とは周波数が合わないと、出会えないのです。

私たちは、生まれてくるときに持っていた〝宇宙意識〟に、目覚めるべきです。

一一歳、臨死体験で霊が見え、死期がわかるように

曾利貴治氏（五六歳）自営業：少年期、突然の事故で臨死体験から異世界へ浮遊……

病院ベッドの自分を天井から見下ろす

――小学校五年、一一歳のときです。親戚の車で海水浴に行った帰り。僕は後部座席で寝ていた。それで、対向車と衝突。シートベルトをしてなかった僕は、頭からぶつかったみたい。記憶はまったくない。ただ「救急車で運ばれてるな」という微《かす》かな感覚はありました。病院に

着いても意識不明のままでした。

そして、宇宙というか、光というか、気持ちのいいものに引っ張られていく感じがする。光る世界に、グーッと引かれて抜けていくという感覚です。そのとき気がつくと病室の天井の隅から見下ろしていた。自分がベッドに寝ている。周りに親戚の人が心配そうに見守っている。泣きそうな顔。泣いている顔。出入りする医者の姿。そして、意識のない自分を、もう一人の自分が見下ろしている。

一方で、そっちへ引っ張られていくエネルギーを感じました。違う世界に引っ張られる感覚です。子どもですから、遊園地に行くようなワクワクを感じましたね。

苦しいとか、怖いとかは、まったくない。三途の川とか、お花畑なんかは見てないけど、引っ張られる先に、そんな世界があるんだろうな、とは感じました。

遊園地も、乗り物も、自分の好きな物が全部満たされた世界ですね。

当時、ソフトボールに熱中していた。自分が一日中、遊び放題。親にも叱《しか》られない。宿題もない。極楽、楽園ですね（笑）。そういう世界があるだろうな、とは感じました。

それでも……「これは戻らなければダメだな……」と、思ったら一瞬で肉体に戻った。

でも、そこから記憶はない。何日間も意識不明が続いてましたから。当然、頭を打ってますから、痛みがガーッと来た。戻って急に痛みを感じたんですね。それでも、意識がないので、覚えてない。

交通事故の霊や、亡くなる人の死期がわかる！

それ（幽体離脱）を、きっかけに霊感がものすごく強くなった。

たとえば、学校に行く途中に、車で死亡事故があったらお花などを置いているじゃないですか。ぶつかったのが男性か女性か、大人か子どもか。そういうのがわかるんです。そんな人が轢《ひ》かれて苦しむ。そうして亡くなった場所だな、と一瞬で、わかる。

そして、お墓とか無縁仏とか、そういう所では胸が苦しくなる。そういう死の世界とか、苦しみながら亡くなったり、先祖が来てないお墓とか……。苦悩とか苦悶《くもん》の世界ですね。

それが一瞬にして感じられる。救われない霊ですね。なかなか、そういう所は通れなくなりましたね。苦しくなるから……。この霊感は、二、三年は続きました。

その後は、大人になるにつれ、しだいに薄れていきましたね。

だけど、霊を感じるのは気色悪いですよ。東日本大震災の現場に行ったときは、久々に霊を感じましたね。石巻《いしのまき》では小学校が流されましたね。何十人も子どもたちが流された現場に立ったとき、霊の叫びを感じました。

後、お年寄りを見ると「ああ、この人は一週間で死ぬ」とか、わかる。

本当に一週間後に亡くなる。そもそも生命エネルギーが電池のように「あと五％だな」とわかるんです。「時間にして一週間後……」と瞬時にわかりました。

「将来の夢」の作文で「親父を殺すこと」

当時、父親との確執がありました。父は、あのころ、毎日酔っ払って帰って、僕はぶん殴られてましたからネ。事故があったときもそうでした。その苦しみも無意識のうちにあったと思います。当時、学校で「将来の夢」という作文で「親父を殺すこと」と書いて、先生からこっぴどく叱られました（苦笑）。父は七人兄弟の次男だったけど、長男が自殺したんです。それで、小学校五年くらいのときから弟妹の面倒を見なければならなくなった。

それが長い間に、鬱屈《うっくつ》がたまり、お酒に走る原因となったんでしょう。

中学校三年くらいになると、僕のほうが力があります。そこで、僕は親父を殴った。すると、祖母が「息子と孫を、そんな思いで産んだんじゃない！」と叫んで止めに入った。おばあちゃん子だった僕もハッと気づいた。父は、ばあちゃんの子だったんだ。

思えば、交通事故で霊感が付きましたが、父への反発で毎朝、五時起きで、筋トレして鍛えました。父への憎しみと怒りが、あるとき、それ（霊感）を消したんだと思います。

事故なければ人の道を踏み外し死んでいた

今だから言えるけど、あの事故がなければ、僕は一〇〇%死んでました。

自分自身の中では、とにかく力ですね。カネの力。権力や名誉。もともと、そういう思いで生まれてきてますから。魂というのは前世、前々世で、できなかったことを、また今生《こんじょう》でやる、という宿題を持って生まれてきているわけです。

今でこそ、それはよくわかる。だけど、あの事故の経験がなかったら、どういうことかわからないけど、今生の宿題を果たせないまま、死んでたな……と思いますね。

これは、もう確信としてわかります。暴力に走る、金儲《かねもう》けに走る……などで、人の道を踏み外していた。

じつは、母親の親戚で、ある神社の、超能力が使える小母《おば》さんがいた。

その小母さんが来てくれた。母親が、たぶん僕の霊能に気づいていたと思う。

あの交通事故以来、とにかく「この子はおかしい……」。

ほら、ビートたけしが首をヒックヒックと曲げてたじゃないですか。チックですね。

僕もそれがあった。どこの整形外科に行っても治らない。そして、霊障が起きるときは、余計に激しくチックが起きる。その小母さんが僕をいろいろ診《み》てくれた。

その瞬間というか次の日から〝首振り〟が消えた。

小母さんが霊を払うとか、何かをやってくれた、と思います。

家族の輪が元に戻ってハッピーエンド

その後、父親と断交して一二、三年家出して帰らなかった。いちばん強烈な体験は、そのときの出来事です。なんと一カ月に宝くじに当たるような奇跡が三回起こったのです。

当時、大阪にいた。電車に乗ってたら岡山弁が聞こえた。なんと、故郷の近所の人が隣に座ってた！　これは父か母に何かあったな？　と直感した。さらに絶対電波が入らない所で、僕だけ携帯が鳴ったり、京都の高名なお坊様と公衆電話で話をしたときに、お香の匂《にお》いが電話ボックスに立ち込めた！　ああ、これはもう「家に電話して帰れ」ということだ、と悟りました。電話すると母親が出た。父は車をぶっつけ、脳梗塞《のうこうそく》で歩けない、という。母も医者からガン告知された、という。そして……、僕は家に帰った。

それから……壊れた家族の輪が、ゆっくり元に戻っていったのです。

まあ……これはハッピーエンドですね（笑）。

最初は天井にコツンだけど、最後は宇宙まで快適飛行！

東明美さん（六六歳）華道家：「幽体離脱」で宇宙から地球がはっきり見えた！

霊能の友達に「霊の世界は本当にあるんだ！」

――いちばん最初の「幽体離脱」体験は、二三歳ぐらい。最近は、五年くらい前にもありますよ（笑）。若いときは三井不動産に勤務してました。一一年勤めた。三井不動産がディズニーランドを造ったんですよ。

きっかけは、高校の友達で、霊を降ろす友人がいたんです。イタコですね。彼女は降霊をやる。会ったこともない家のお婆ちゃんが出てきたりする。その娘はまったく知らないのに、昨日、死んだワンちゃんが出てきたり。

「これ、ほんとにお婆ちゃんの霊がしゃべってるんだなあ……」

それを何回か見るようになって「霊の世界って、ほんとにあるんだな」って思った。認めざるをえなくなった。それを認めたら波長が合っちゃった。それから〝かな縛り〟に遭うようになった。（幽体離脱の）入門コースですね（笑）。〝かな縛り〟に何回か遭っているうちに、夢で、しょっちゅう自分が空を飛ぶ。空を飛んだときは、自分の体があるのに、肉体を下に見ている。魂だけが、天井を突き抜けたんですね。

……でも、最初は頭が天井にゴツンゴツンとぶつかった（苦笑）。

幽体でも頭、ぶつかるんです。ゴツンって。肉体の意識が残ってるんでしょうね。

それで、「あ……、ここはダメだから押入れから抜けよう」と思って押入れに入って、〝抜け道〟を探して……何回もそんなふうになって、そのうち屋根を飛び越えて、飛行して、最後には宇宙に行っちゃった。

飛行機と遊んだり、街の三〇〇m上空を飛ぶ

「……ああ、ここニューヨークの上空飛んでるなぁ」

（飛行機代かからないネ？／船瀬発言、以下同）

そうです。旅客機と併行して自分の魂が、走っちゃったり、旅客機に魂が乗っかって飛んだり……雲の中を飛行機の翼に乗って飛んだり。

（宮崎駿《はやお》の世界だ！）

こんな体験、いっぱいありすぎて、どれをしゃべったらいいか、わからない（笑）。

いろんな体験を楽しんだ。

（これから「幽体離脱」するぞ、と決めて、スーッと行くわけ？）

ウウン、「今日、体が動かなくなるなぁ」と感じる。

（〝かな縛り〟は「幽体離脱」の前兆なんだ）

前兆なんです。とつぜん、ポーンッといくわけじゃない。目は閉じてるけど意識はあるじゃないですか。だから、体は寝てるんだけど、意識は覚醒《かくせい》している。体は動かない。だから、私は〝かな縛り〟と言ってるんですけど。霊が来るのではなくて、たんに肉体が動かない。

それから、もがいて意識だけが体を置いて、天に上がっちゃう。

（便利だねぇ！）

ハイ、そのうち、最初は天井にぶつかっていたけど、屋根をすりぬけ、鳥といっしょに飛んだりした。

（「魔女の宅急便」みたいに街が下に見える？）

そうそう。空を飛んでる。いつもふつうの生活している上空三〇〇mくらいを飛んでる。

空を自由自在に飛ぶ、人には言えない楽しみ

低空飛行したり、自分の意識でグーッと上に上がったり……。

（操縦できるわけだ！）

そうそう。

(他の楽しみいらないネ)

いるよ! (笑)

(二三歳くらいのとき、それは密《ひそ》かな楽しみになっちゃったわけ?)

だけど、こんなこと誰にも言えない。「気持ち悪い」と言われるから。私、だーれにも、話さなかった。話せなかった。「アタマおかしい」と言われちゃうから。ここ何年かですよ。(船瀬)先生に会って、船瀬塾で、いろんなお仲間ができて、安心して言えるようになった。みんな、話がわかるから。それで、やっとふつうに話ができるようになった。

だからいま、先生、極楽……!

(だけど、それふつうなんだ。ゴロゴロいるよ。曾利君(前出体験談話者)だって、お隣りさんじゃん)

……ですよね。

ブラックホールか産道か、吸い込まれそう

(「幽体離脱」で楽しかった思い出は?)

宇宙まで行っちゃったもん。

(地球が見えたとか?)

そう、地球は一回だけ見えた。丸い地球。だから、地球はぜったい丸いと思います。見えたもん。それから、一回だけ、あれはブラックホールだと思うけど、ものすごいスピードで穴の中に引き込まれて。

（危なかったな）

だけど、それは母親の子宮の中だったかも……。出産するときの感覚が残っていたのかな、と思う。引き込まれる感覚。ブラックホールか産道かは、それは謎……。

（わかるわかる。曾利君も言ってた。グーッと引かれる感じがするって）

アッ……同じです。すっごい、吸い込まれるの。重力の厚い、すごい所に引き込まれていく感覚。ギューーッと引き込まれて、自分が圧縮していっちゃう。

（一種のテレポーテーションだ）

そうです。同じです。もしかしたら、これ母の産道だったかなあって自分で思ったりする。

（生まれるときの記憶？）

そうそう、これかなぁ、と思いました。

（逆に時間を過去に遡《さかのぼ》ってる可能性がある？）

うん、そうなんです。それが、自分ではわからない。

（タイムマシーンみたいに？）

そう。だれも教えてくれないから。

新宿夜空に楕円形のオレンジ色UFO

(よその星とかエイリアンの思い出は?)

私、よく宇宙人に追いかけられてました。UFOとか。

(男に追いかけられなさいよ(笑))

それもあったけど、若いころは(笑)。

二六、七のときに、やたらUFOを見てたんです。

光の塊。見るのは寝てすぐ。仮眠状態で見るんです。

(「幽体離脱」してたんだろうね)

それも「幽体離脱」ですね。光の玉なんだけど、ビーム(光線)をすごく発する。

そのビームで、いつも私を追いかけてくる。

(あなたも幽体で浮遊しているわけだ)

そうですね。とっておきの話しますね。

二七歳のときに、新宿の都庁前を歩いていた。そのときは新庁舎はできてなかったけど。京王プラザの所を夜中三時に歩いていた。すると、空から楕円形の大きな光が降りてきた。そのとき腰が抜けたんです。見た感じは上空一〇〇〇m辺りに楕円形で、大きな月の三倍くらいに見えた。きれーいなオレンジ色で、京王プラザの向こうの方に沈んでいった。

私は、それは神様からの何かのメッセージだと感じた。

それで、十何年前に、「真実を知りなさい」というメッセージで、船瀬先生の本を読み始めたんです。

（私は宇宙人じゃないよ。九州人だよ）

アハハハッ……。でもね。そういう宇宙のパワーが先生とつなげてくれているって感じます。

みんな、本当に楽しい。いい仲間です。

――以上、この四人の体験は、わたしが直接インタビューした、本当の話だ。

紙幅の都合で、一〇名以上の幽体離脱の体験者方は紹介しきれなかった。

今回、取材してみて、周りに「幽体離脱」体験者があまりに多いことにア然とした。

ボクも、私も……と手を上げる。その内容はじつにリアルで鮮明だ。

体験者は一様に「人に話すのは、はじめてなんです」。

その理由は、「頭がおかしいと思われるから」。

十数名の体験者の鮮明でリアルな話を聞き確信した。

「幽体離脱」という不思議な現象は、じっさいに存在する。
体験者の中には、異星人とのコンタクトをとった人も何人もいる。
宇宙人が何かを伝えようと、人々の「幽体」を招いているのだろうか。
さらに直接的な「アブダクション」の事例も数多く存在している。

第2章

さらに驚く未知との遭遇！「UFOアブダクション」

——もう隠せない。驚愕事実が次々に証明されてきた

もはや都市伝説ではなくリアルな社会現象だ！

一四歳でUFOに誘拐された少年

UFOアブダクション——。それは、宇宙人による誘拐のことである。

近年、この不可思議な事件が次々に報じられている。

アメリカ映画『NOPE』が二〇二二年公開。

広大なアメリカの田舎町を舞台に人間を誘拐するUFOと、それに立ち向かう人々を描いて

いる。いわゆるSFホラー。人間を次々にアブダクトする登場UFOは凶悪で、人間を次々に〝食べて〟しまう！　食人UFOには、思わず眼を背けてしまう。映画としてはB級の出来だったが、UFOへの関心をリアルタイムでとらえた作品だ。

UFOアブダクションは、ヒット映画にも

映画とは逆に、エイリアン接近遭遇で危害を加えられた、という話をほとんど聞かない。

たとえば、わたしの『NASAは〝何か〟を隠してる』（ビジネス社）の巻末で「UFOにさらわれた証人」として、福岡市在住の中園公浩《きみひろ》さんのインタビューを紹介している。彼は一四歳のとき、UFOに〝さらわれた〟体験を生々しく、リアルに語ってくれた。

ベッドで目覚めると窓に眩《まぶ》しいオレンジ色の光が差し込み、気づいたら宇宙船の一室に寝かされていた。窓の外には「青い地球が見えた」という。三人ほどのエイリアンは体を調べていて、肘《ひじ》に何かチップのようなものを埋め込まれたのを感じた、という。

結局NASAは“すべて”を隠していた

「一瞬で、意識が戻ると自宅のベッドに寝ていた」という。

このように、数多くのＵＦＯ誘拐事件では「体を調べられる」程度で済んでいる。

ＵＦＯ拉致《らち》というと、ひと昔まえまで、都市伝説扱いだった。

しかし――。近年では、数多くアブダクション報告がある。

一部研究者の間では、「エイリアンの公式発表も間近ではないか？」とささやかれている。

有名な事例を、以下に紹介する。

「ＵＦＯにはグレイとヒト型宇宙人がいた！」

トラヴィス・ウォルトン事件：一人が拉致され、六人が目撃した

七人の森林作業員が遭遇し証言した

奇妙な飛行物体（ＵＦＯ）に遭遇し、拉致されて五日間失踪《しっそう》した、いまだ未解決の事件だ。

この事件には、六人もの目撃者がいる。それに警察も認めたＵＦＯ誘拐事件だ。

それは新聞記事になっているほど。それだけ、全米でも注目された。

一九七五年一一月五日、アメリカ、アリゾナ州で発生。

事件の主人公はトラヴィス・ウォルトンという二二歳の青年。彼は森林伐採の作業員だった。事件当時、彼は六人の同僚と、アリゾナの森林地帯で国有林の伐採作業を行っていた。日暮れまで作業に没頭していた七人は、突然、驚愕《きょうがく》の光景に遭遇する。

森の中が、真昼のように眩しく明るくなった。

トラヴィスは同僚たちと一緒に、光の方向に引き寄せられるようにトラックを走らせた。

すると、突然、目前に光り輝く物体が空中に浮遊しているのを目撃した。まさに、ＵＦＯだ。同僚たちは、驚いてトラックを降りて逃げ出した。しかし、トラヴィスだけは、その眩しい物体に近づいていった。

すると、思わぬ攻撃を受けた。

ＵＦＯから発射された青緑色の光線が襲った。彼の体は少し宙に浮き、次の瞬間、激しい勢いで地面に叩き

トラヴィスは5日間もUFOに拉致された

UFOから青緑光線で体が持ち上げられた

WHITE MOUNTAIN
INDEPENDENT
Kidnapped Into Spacecraft?
Snowflake Man Claims
Terrestial Abduction
Don Owens Awarded City
Park Construction Bid

新聞に大きく取り上げられ全米で話題騒然

つけられた。

どうして、その一部始終がわかったのか？　じつは、仲間たちが全員、この衝撃的な光景を目撃していたからだ。彼らの証言は、全員一致していた。

仲間たちは誘拐・殺人容疑で逮捕!?

トラヴィスがＵＦＯのビームで地面に叩きつけられた。あまりに恐ろしい光景に、彼らはトラックに飛び乗り、加速して四〇〇ｍほど現場から逃走した。振り返ると何も追ってこない。

恐る恐る、トラックをＵターンさせ、トラヴィスを助けるため現場に戻った。

そこにはトラヴィスもＵＦＯも、影も形もなかった。

頭を抱えた彼らは、二〇㎞ほど離れた町にトラックを飛ばし、この奇妙な事件を警察に通報した。保安官が現場までやって来たが、やはり何も見つからない。

それから事態は急変する。

なんと、警察は六人の供述を疑ったのだ。一人の仲間が

6人のUFO目撃証言は、すべて一致した

〝消えた〟ことや状況証拠から、殺人の容疑を考えたのだ。

六人全員に殺人容疑というから、穏やかではない。まあ、仲間が森でＵＦＯにさらわれた、と聞いても警察が信じないのも当然だ。

五日後、トラヴィスは戻った

その翌日から、行方不明のトラヴィスの大捜索が開始された。しかし、遺留物どころか、ＵＦＯの着陸跡すら見つからない。手がかりはなく、捜索は暗礁に乗り上げた。

他方、六人の仲間たちは、誘拐・殺人の容疑で拘束されたままだ。

ところが、事件から五日後――。トラヴィスは発見された。

彼は、この五日間、どこにいたのだろう？

彼が発見されたのは事件現場から一〇㎞も離れた場所だった。

彼は、その日の夜、姉夫婦のところへ、電話ボックスから電話をかけてきた。夫婦が驚いて駆け付けると、電話ボックスの中でぐったり倒れているトラヴィスを発見したのだ。

「……殺人事件ではなかった！」

警察の捜査は、振り出しに戻ってしまった。警察は拘束した仲間六人を徹底的に調べた。

そこで用いられたのが「嘘発見器」（ポリグラフ）だ。一人ずつ二時間も器械につながれ尋問された。当時の「嘘発見器」でも「嘘を見抜く確率は約九〇％」（元FBI捜査官証言）。だからポリグラフの結果は裁判でも証拠として採用されている。

そして、六人それぞれの検査結果を警察は審議した。

その判定は――「全員、嘘をついていない」。

警察もUFO誘拐と断定

「……この結果に、警察はUFOによる誘拐だと認めざるをえなくなったんです。やばいですよね」（YouTube：くろ丸チャンネル）

その結果、「UFO誘拐事件」としてアメリカの新聞記事にも大々的に取り上げられた。

そして――。さらに、現場の森で、不可思議な現象が目撃された。

それは、事件から数十年後。現場の切り

切り株の年輪に異変が発生

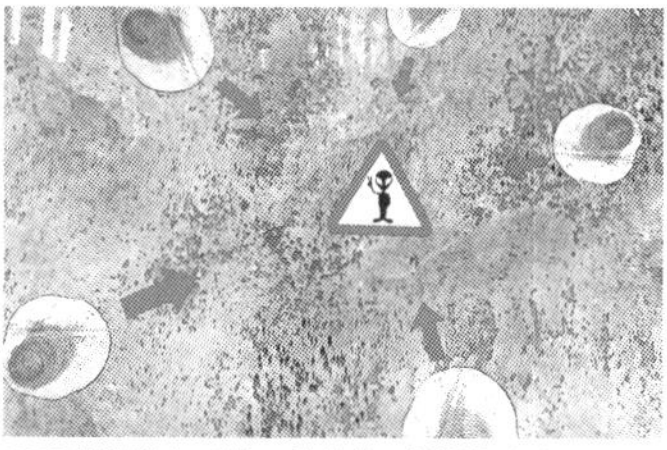

UFO着陸地点で強い放射線が観測された

「5日間UFOの旅！」メディアも大興奮

株で観察された奇妙な現象だ。ＵＦＯ出現現場は切り株が多く散在している。森林伐採地だから当然だ。ところが一つの切り株の年輪が不自然に片寄っている。それは、たまたまと思えるが、年輪の幅の広い方角が、すべて謎の飛行物体が出現した現場と一致していたのだ。

そして、研究者によれば、年輪の幅が広くなり始めた時期は、トラヴィスがＵＦＯに遭遇した年と一致した。

大学の研究者によれは、樹木の年輪が変化する現象は、強い放射線を浴びたときに発生する、という。つまり、事件発生当時、未確認飛行物体は森周辺に強力な放射線を放射したことが考えられるのだ。これは、異常な事件が起こったという傍証になりうる。

トラヴィスの証言：彼らはＵＦＯの内部を案内した

三人のグレイエイリアンが体をチェック

トラヴィスは失踪後、どうしていたのか？

その驚くべき証言――。

「……俺は、青緑色の光線に撃たれた後、まるで感電したようなショックを受けて気を失った。

意識が戻ると、どこかの部屋だった。テーブルの上にあお向けに寝かされている。頭がひどく痛む。最初は病院にいるのかと思った。周りに三人の人影があった。身長一五〇cmほど。頭に毛がない。眼が異常に大きい。口と耳は小さい。鼻はつぶれたような形だ。まつ毛や眉もない。そして、みんな褐色のオーバーオールのような物を着ていた」

「……察するにこれは、思いっきりグレイエイリアンぽいですよね（笑）」（くろ丸チャンネル）

ヒト型エイリアンと格納円盤

「……俺は驚いてテーブルから飛び下り、透明の器具を摑《つか》んで殴りかかろうとした。しかし、やつらは平然と部屋から出て行った。自分も部屋から出て、通路を少し歩くと、丸い部屋に行き着いた。椅子に腰掛けると、それは背もたれが高く、一本足で、片方の肘掛けには、いくつものボタンがあった。もう片方にはレバーが付いていた。それらをいじっていると、急に部屋が暗くなり、周囲に星が見え、それが動き始めた。気配を感じて振り向くと、一八〇cmはある男だった。彼は、前の三人よりはるかに人間に近い風貌《ふうぼう》だった。

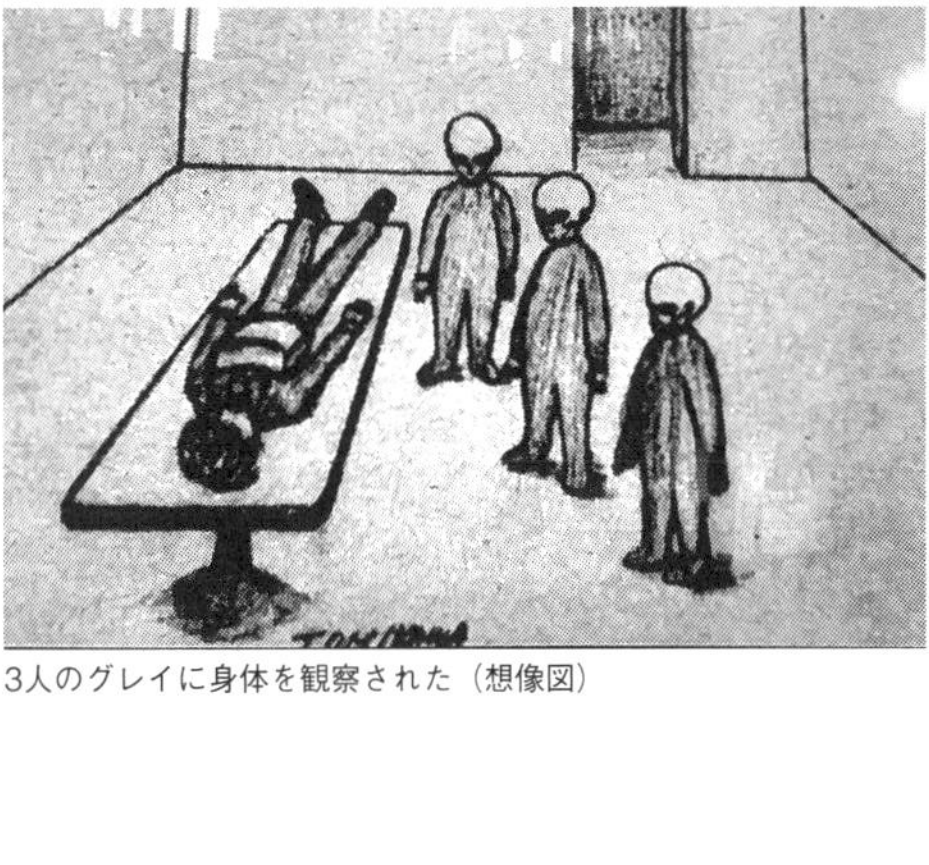
3人のグレイに身体を観察された（想像図）

ピッタリしたオーバーオールを着ていて、透明なヘルメットをかぶっている。男は、俺の腕を取って、広い格納庫のような場所へ連れていった。そこには、円盤がいくつも格納されていた。触ってみると表面がツルツルしている」

――エイリアンが、グレイ型とヒト型の二種類がいたのは、驚きだ。

一説には、グレイ型はヒト型エイリアンの〝生体ロボット〟といわれている。

「……その後、もう一つの部屋に連れて行かれた。そこには、別の三人の宇宙人がいた。男が二人、女が一人。彼らも人間によく似た容姿をしていた。彼らはやさしい素振りを見せていたが、突然、後ろから酸素マスクのようなものをかぶせられた。そこで、俺は気を失った。そして、気がつくとハイウェーの路面に倒れ

巨大格納庫にピカピカUFOが何隻もあった

エイリアンは金髪で青い眼、北欧人そっくり（想像図）

ていたんだ。体の震えは止まらなかった。覚えているのは、この二時間ほどの出来事だけだ」

メッセンジャーに使われた？

証言後、トラヴィスも「嘘発見器」にかけられた。

そして「嘘はついていない」可能性が高いことが証明された。

さらに血液検査、脳波テストまで徹底的に行われた。麻薬使用の有無やアルコールによる幻覚作用なども検査された。しかし、どれも陰性だった。

「……なぜトラヴィスや仲間たちは、かたくなに体験を信じていたのか？　それは本当に未知の物体が存在していたというほうが、もしかしたら自然なのかもしれません」（くろ丸チャンネル）

アメリカのＵＦＯ研究の権威であるハイネク博士もトラヴィスと面会し、確信している。

「少なくとも彼は嘘をついていない」

「……彼が事件を体験したと、心から信じていることは確かです。彼は、これまで根拠のない否定論にさらされたでしょう。彼の事件当時の服装は、ジーンズの上着にズボンだけ。当時、氷点下だった森の中では、五日間も生きることはできない」（ハイネク博士）

だから、トラヴィスは失踪した五日間は、未確認飛行物体の母船などに捕らえられていたのかもしれない。そのさいの記憶は消去されたのだろう。二時間ほど、母船（？）内部を案内された光景だけ、はっきり覚えているのは、エイリアンたちが、この記憶だけは消去しなかったからと思える。

つまり、彼らは、一人の森林作業員をメッセンジャーとしたのではないか。

グレイ型、ヒト型の自分たちのありのままの姿。そして、敵意のないこと。宇宙船の内部。格納されたＵＦＯ……などなど。

七人もの人物が、同じＵＦＯを目撃したこの事件はマスメディアでは大きく取り上げられたものの、いまだ真相は解明されていない。

このトラヴィス事件は、ＵＦＯ研究にとっては、極めて重要な事件とされている。当時のアメリカで、この事件が報道されるや、テレビや映画でも取り上げられた。たとえば映画『ファイヤー・イン・ザ・スカイ』は、この事件を映画化したものだ。

そして、今や、ＵＦＯアブダクションとして、アメリカでは伝説的エピソードとなっている。その意味で、青年をＵＦＯに〝招待〟したエイリアンの意図は、かなえられたのかもしれない。

『ファイヤー・イン・ザ・スカイ』として映画化（1993）

パスカグーラ事件：夜釣りの二人を襲ったＵＦＯと宇宙人

船内で身体検査後に解放される

（以下、「YouTube：LALALA MYSTERY」参照）

――一九七三年、アメリカ、ミシシッピ州で発生したＵＦＯアブダクション。

被害者の男性二人は、街の造船所に勤める友人同士。チャールズ・ヒクソン（四二歳）とカルヴィン・パーカー（一八歳）。一〇月一一日の夜、二人は川で釣りを楽しんでいた。

突然、激しい騒音が聞こえた。

水面に青い光が反射。二人が振り返ると地上約六〇ｍに青い光を放つ物体が浮遊していた。その未確認飛行物体は高さは約三ｍ、横幅はおよそ九ｍ。恐怖で体が固まってしまった二人。さらに驚愕したのはＵＦＯから出てきた三体のエイリアン。

身長は約一五〇㎝。全身灰色。手はまるでカニのハ

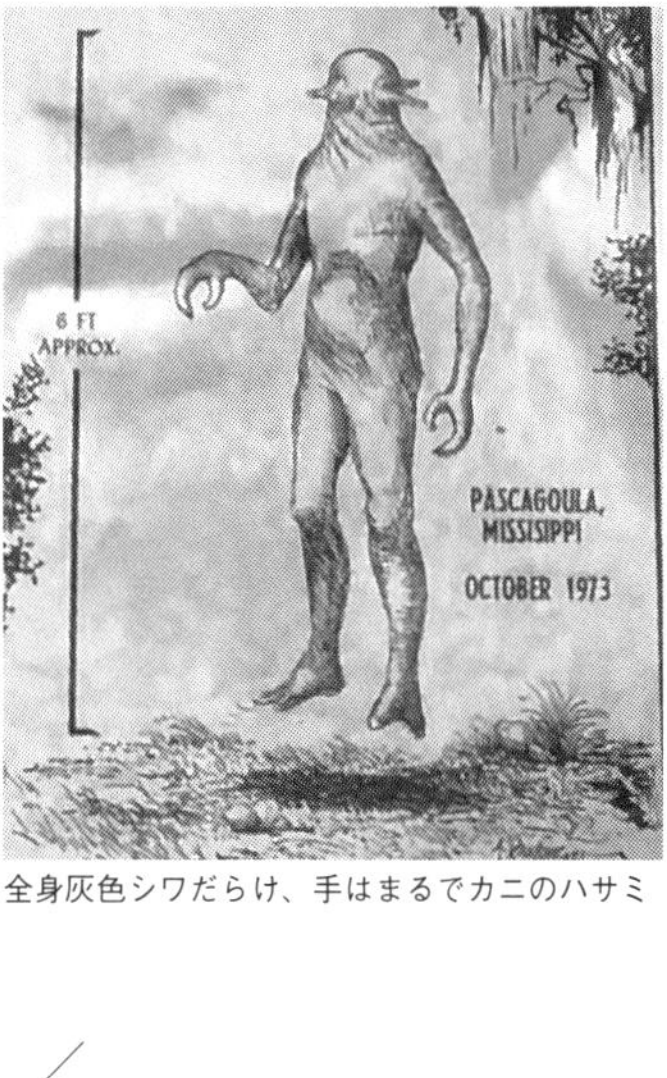

全身灰色シワだらけ、手はまるでカニのハサミ

夜釣りで宇宙人に遭遇、捕らわれた

サミのよう。体全体はシワだらけで、首はない。頭と胴体は一体で、裂け目のような目と口があった。耳と鼻には人参のような突起がついていた。

宇宙人は浮遊しながら近づいてきた。そして、怯《おび》える二人をUFOに連れ込んだ。ヒクソン氏は「UFOの壁から巨大な目玉のような物が現れ、体を頭からつまさきまで観察していた」という。その間、体は硬直したままだった。

二人は数十分で解放され、釣りボートに戻された。

恐怖に怯えた二人は保安官事務所に駆け込んで一部始終を打ち明けた。

しかし、保安官は話を信じなかった。彼は二人の嘘を暴こうと、部屋に盗聴器をセットした。このとき録音された音声は、予測と正反対だった。保安官が出ていってからも、二人は体験したエイリアンによる拉致事件について興奮して語り合っていた。

この音声記録は、英国タブロイド紙にも報道されている。さらに、二人は嘘発見器にかけられたが、話の信憑性《しんぴょうせい》は深まった。こうして、このアブダクション事件は、マスコミでセンセーショナルに取り上げられ、二人は一躍時の人に……。

しかし、若いパーカー氏は、好奇の目にさらされることに耐えきれず、退職して街を出て行ってしまった。

それから四五年――六三歳となったパーカー氏は、沈黙を破って体験したUFOアブダクションの顛末《てんまつ》を一冊の本にして出版した。その動機をたずねられて、こう答えている。

「誰にも期限がある。死ぬ前に話しておきたいと思うようになった」

先輩のヒクソン氏は二〇一一年に他界している。

しかし、彼も最後まで「あの夜の体験は、嘘でない」と周囲に語り続けていたという。

血、細胞、生殖細胞まで〝検査〟

「……『エイリアンに誘拐された』という人々の証言には、いくつかの共通点が見られます。その中の一つは記憶の欠落です。多くの人々が、UFOを目撃してから、数分から数時間の短期記憶を失っていると、言われています。じっさいに前述のパーカー氏も、事件直後には忘れていた記憶が、時間とともに戻ってきた、と著書の中で語っています」(LALALA MYSTERY)

これはエイリアンの高度なテクノロジーで記憶消去されたことは、まちがいない。

もう一つ、共通する体験は「身体検査」だ。

われわれ人類が昆虫採集などで研究するのと同じだ。

異星人たちも〝人類〟という「種族」に興味津々《しんしん》なのだ。だから、地球に来訪しては、〝採取〟して〝検査〟する。そのデータは、彼らにとって貴重な記録にちがいない。

まさに、われわれ人類は昆虫採取される〝昆虫〟と同じなのだ。

採取と検査だけですめばいい。

異星人の中には、さらにつっこんだ〝研究〟を試みる連中もいる。

「……なかには、血液や細胞のみならず、生殖細胞を採取されて、エイリアンとのハイブリッドを作る実験に使われた……などという身の毛のよだつ証言もあります」(同)

ヒル夫妻アブダクション事件：一九六一年、アメリカで最初のＵＦＯ誘拐報道(YouTube：「雑学ミステリー通信」参照)

光る物体が車の前に出現

これは、大々的なＵＦＯ誘拐事件として報道された最初のケースだ。

――発生は、約六〇年以上も前。しかし、新聞や出版などでもセンセーショナルに取り上げられ、話題となった事件だ。ヒル夫妻は白人の妻と、黒人の夫というカップルだった。

一九六一年九月一九日、夕刻。ニューヨーク州などで休暇を過ごした夫妻は、自宅のあるポーツマスへ自家用車を走らせていた。

ニューハンプシャー州グローブトン南部にさしかかったとき、空に明るく輝く光を発見する。

最初は流星かと思った。ところが光る物体は、上昇して月の近くで停止した。妻ベティは通信衛星だろうと思い、「近寄って見ましょう」と提案。「飼い犬のデルシーも散歩できるでしょ」。

そして、彼女は双眼鏡で〝物体〟が光を放ちながら、月の表面を通過して行くのを観察した。

その青く光る物体は、明らかに普通の航空機でない。それは、山頂に少し姿を隠しながら地形に沿って飛行している。突然、〝それ〟は夫妻の自動車に向かって急速に降下してきた。夫バーニーはハイウェイ中央で急ブレーキを踏んだ。彼はピストルをポケットに、双眼鏡をつかみ、車のドアを開けた。

〝それ〟は、道路脇の野原の上で、振り子のように揺れ動いていた。

彼は双眼鏡で、物体の窓からこちらを見つめている八～一一人ほどの人影を確認した。

次の瞬間――。五〇～一〇〇ft《フィート》（一五～三〇m）まで接近してきた。

「やつらは俺たちを捕まえる気だ！」。彼は叫んだ。車に飛び乗ろうとした頭上を物体は通過した。ベティに「上を見ていろ」と車を急発進。

彼女は窓を開けて見上げたが、もう暗闇《くらやみ》しか見えなかった。

と、車が振動するような大音量の機械音が背後から近づいてきた。

その瞬間、記憶は途絶えた……。

アメリカで最初のUFO誘拐事件と大々報道

退行催眠で驚愕事実が判明

夫妻はぐったりした疲労感とともに、全身にヒリヒリ痛みを感じた。

夜明け頃に、ようやく自宅に帰り着いた。

二、三時間眠ったあと、ベティはドライブ中に着ていた靴や衣装が裂けていることに気づいた。さらにピンクがかった粉が付いている。双眼鏡の吊り紐も切れている。

九月二一日、ベティはピース空軍基地に電話し、UFOとの遭遇を報告した。九月二二日、P・W・ヘンダーソン少佐が電話をかけてきた。約三〇分、詳しい事情聴取が行われた。

そのときのヘンダーソン報告書には「おそらく夫妻は木星を誤認したのだろう」と結論づけている。報告書は当時、米軍によるUFO調査機関「プロジェクト・ブルーブック」に送付された。

UFO遭遇から二週間、ベティは夜な夜な悪夢に悩まされるようになった。あまりに生々しい夢なので、夫妻はボストンの有名な精神分析医B・サイモン博士をたずねた。博士は夫妻に催眠療法を施した。それは「退行催眠」と呼ばれる手法だ。失われた記憶を呼び戻し、病気の理由を探すのだ。

UFO内で克明な身体検査

――夫妻の蘇《よみがえ》った記憶は衝撃的だ。

車の前に立ちふさがる小柄な複数の人影。頭髪はなく、頭の両側に耳のような穴。横顔はのっぺりして、鼻や口は確認できない。目は大きく、切れ上がっていた。好意的には見えない。彼らは、車のドアを開け二人を引きずりだした。

そして、UFOの中で夫妻を引き離し、〝身体検査〟を始めた。ベティは椅子に座らされ、目、耳、口をのぞかれ、髪の毛と足の爪を採取された。全裸で寝かされ、体に針を当てられた。長い針を臍《へそ》に差し込まれ激痛を感じた彼女は、悲鳴を上げた。リーダー格の宇宙人が目の前に手をかざすと、痛みは消えた。

夫バーニーも奇妙な装置に寝かされ、身体検査をされた。その影響なのか後日、下腹部にイボのようなものができ、手術で除去している。

宇宙人たちは、夫妻の身体的違いに困惑していた、という。バーニーは黒人でベティは白人だったからだ。テレパシーで肌の色の違いやバーニーの入れ歯について、説明させられた、という。その後、ベティは地球の世界地図ではない、奇妙な天体図を見せられた。沢山の点を線で結んだ図は、太い線が貿易ルート、実線は時々往来するルートという。それから、記憶は消去され、車に戻された。

夫妻が遭遇後、体に違和感を覚えたのも、エイリアンの検査にさらされたためと思える。

ジェームズ・クック事件：惑星ゾムディックに拉致され、地球平和を託される

何かに導かれ丘の上に

一九五七年九月七日、深夜、英国チェルシー州に住むジェームズ・クックは、町外れにある小高い丘へと車を走らせていた。自分でもわからない。まるで、何かに引き寄せられるようだった。丘の頂上に上り、しばらく立ち尽くしていた。すると、夜空の向こうに直径三・七mほどの円盤状の飛行物体が出現した。それは眩しい光に包まれ、接近してくる。

UFOは目前で急降下し、青から白、そして赤へと光を変化させている。

しかし、彼の心は不思議に落ち着いていた。クックの頭の中に声が聞こえた。

「スロープを上がって中に入りなさい」

足が自分の意志と関係なく動き始めた。

UFOから延びたスロープにゆっくり近づく。クックの足が水溜まりで濡れた瞬間、強烈な電気ショックが走った。スロープの手摺《てすり》に触れても同じ感覚があった。

頭の中でまた声が聞こえた。

「機体は空気を帯電させることで動いている。湿度が高いときは、直接触れないように……」

人間に似たゾムディック星人

UFO内部は、全方位から明かりで照らされていた。謎の声が聞こえた。

「服を全部脱ぎなさい」。その後、命じられるままに、脇に置かれたプラスティック製のワンピースのようなスーツに着替えた。それに従うと機体は動き始めた。「わずかな時間で、太陽系を脱出して別の銀河に移動した」ことを、直感的に悟った（これは、まさに惑星間テレポーション！）。

謎の声がまた聞こえる。

「『ゾムディック』という惑星に到着した」ことを告げられた。促されるままに、UFOから降りたクックは、ついに声の主と対面する。そのゾムディック星人は、人間によく似ていた。

しかし、中性的な風貌《ふうぼう》で、彼らは雌雄《しゆう》同体という。

身長二・一m以上。黒髪、逞《たくま》しい体格をしている。ブルーの制服を着用していた。

最終的には「賢き長老たち」と自称する二〇人の指導者たちとも対面を果たした。

そこで、クックはこう告げられる。

「……人類が調和ではなく、力に頼り続ければ、バランスが崩れる」と警告された。

それとともに人類に対して「宇宙の平和と調和」を託された。帰還のため再びＵＦＯに乗り込む前には、クックはゾムディックを案内された。

そこに住む異星人たちは音波を駆使した輸送システムを確立している、という。

さらにエネルギーを物質に変換する技術も手にしている。人間社会のような経済システムは存在しない、という。大地から生えている植物と思われるものは、緑ではなく、黄色だった。

クックは無事、地球に帰還した。そして、それまでの人生をすべて整理した。

「宇宙の平和と調和」を説くための社会活動を開始したのだ。

未知との遭遇は、彼の人生を一八〇度、変えてしまったのだ。

ウォルスキー事件：ポーランドで話題沸騰。ＵＦＯで身体検査された七一歳

馬車で田舎道、奇妙な体験

ポーランド、一八七八年五月一〇日、早朝。

農民のヤン・ウォルスキー（七一歳）は、出先のデンブロヴァケラからエミルシン村へ馬車で戻る道中だった。それは、いつもの仕事帰り。と、彼は前方に驚く。田舎道を二人の〝人物〟が歩いている。よく見ると、身長一五〇㎝ほどのヒューマノイドだ。彼らは体にピタリと

密着した黒いボディスーツを着ていた。大きな頭部を覆うフードからのぞく顔は緑色。頬骨《ほおぼね》が突き出ていた。大きな目はほぼ黒目で、周辺にわずかな白目の部分があった。

二体のヒューマノイドは、歩きながら何かを熱心に話し込んでいた、というからのどかだ。だから、馬車に気づかなかったのだ。ところが道が二手に分かれたあと、二人は軽やかな身のこなしで馬車に飛び乗ってきた。彼らの手の指の間には、薄くて小さな水掻《みずか》きがあった。頭髪があるかもわからない。眉毛はない。一枚のスーツはつまさきまで覆っていた。靴も履いていない。

突然の〝珍客〟にウォルスキーは動揺した。

それに気づいた彼らは、身振りで行く先を示した。素直に従った。

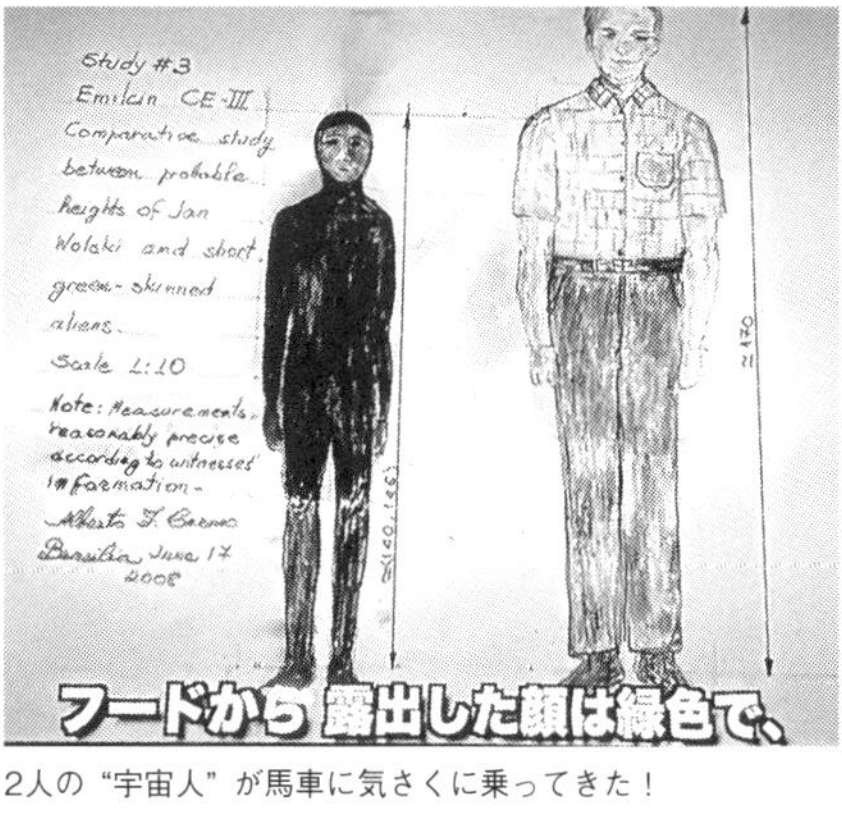

2人の“宇宙人”が馬車に気さくに乗ってきた！

UFO船内で身体検査！

馬車をしばらく走らせると、前方に、空中に浮遊している「磨かれたアルミニウム」のような長方形の物体にでくわした。彼は、それを「真っ白な船」と表現している。

それは、まさに空中でホバリングしていた。船体にはドアのようなものがあり、そこから地上に降りる昇降機のような装置があった。馬車が止まるとウォルスキーにも降りるよう促した。三人は昇降機に乗って船体に入った。

内部は灰色がかった黒一色だった。壁の近くには数羽のカラスが硬直して横たわっていた。船内には、さらに二人のヒューマノイドがいた。

彼らから「服を脱ぐよう指示され」仕方なく従った。

ヒューマノイドの一人が、平板を二枚合わせたような円盤状の装置を全裸になったウォルスキーの体と衣服に近づけた。空港のセキュリティ検査そっくり。奇妙な身体検査が終わると、服を着るよう指示された。それから、昇降機に乗せられ、地上に降り立った。

サヨウナラにお辞儀で返す！

別れぎわにウォルスキーは「サヨウナラ」と言うと、彼ら全員がお辞儀した。

なんとも礼儀正しく、友好的なエイリアンではないか。

彼が完全に地上に降り立つと、船体は高度一五mほどに上昇し、消えていった。

ウォルスキーは、コトコト馬車に揺られて、何事もなかったかのように家路を急いだのであった。

帰宅した彼は、奇妙な体験を問わず語りで口にすると、たちまち、近在から国中の話題となり、一躍、時の人に祭り上げられてしまった。

それは、同国史上、もっとも有名なUFO事件となった。

彼も有名人になってしまった。そして、「嘘つき！」と嘲笑《ちょうしょう》される目にも遭った。UFOで裸にされ、国内では罵《ののし》られ。まったく、お気の毒としかいいようがない。

彼は求めて有名になったのではない。

朴訥《ぼくとつ》な農夫は、田舎道で奇妙な〝二人連れ〟に出会ったおかげで、まさに散々な老後となってしまった。

アブダクション体験者は、みんな似たような仕打ちに遭う。

だから、体験しても口を閉じてしまう。パスカグーラ事件のパーカーさんも同じ。事件当時一八歳と多感だった彼は、マスコミ取材などに嫌気がさし、退職して街を離れている。そして、四五年ぶりに自らの体験を記録に残しているのだ。

ポーランドの朴訥な農夫は一躍“時の人”に

正気を失ったと思われる

アブダクション体験者の話を聞くと、だれでも最初は笑いだすだろう。まさに、それは荒唐無稽《こうとうむけい》の極致だからだ。

ジェームズ・クック事件のクック氏の〝体験〟など、まさにそれだ。

「惑星ゾムディックに拉致され、地球平和を託された」

聞いた人は、十中八九、肩をすくめて吹き出すだろう。まさに、噴飯もののストーリーだ。

「悪い夢でも見たんじゃないの?」「SF小説の読み過ぎだよ」

それだけなら、まだいい。

「ちょっと、頭がおかしいよ」「統合失調症ね」「悪いけど、医者に診てもらったほうがいいよ」

さらに悪意のある人は、こうささやく。

「でっちあげ話で人目を引きたいのよ」「有名になりたいからって、あそこまでする?」

つまり「世間の注目を浴びたい」「だから、ホラ話をでっちあげた」。

こうなるとまさに誹謗《ひぼう》中傷そのもの。

しかし、これまで見たとおりアブダクション体験者は、みな市井《しせい》の素朴な人たちばかりだ。

ポーランドのウォルスキー爺さんを見よ。馬車で仕事に通う純朴なおじいさん。それが、緑色の顔をした奇妙な二人連れに田舎道で出会った……。

こんな、作り話を思いつくだろうか？

しかし、奇妙不可思議な体験を周囲に話した途端に、メディアが殺到してきた。

そして、一部からは「嘘つき」呼ばわりの罵声まで浴びた。おじいさんの平和な老後の日々は、むちゃくちゃになってしまった。

ウォルスキーさんは、ため息混じりで、不思議体験を語ったことを悔いているだろう。

これは「幽体離脱」でも、まったく同じ。

わたしの身の回りにも、あまりに体験者が多いのには、正直、仰天した。ほとんどの体験者が、口をそろえて言う。「じつは、今までだれにもしゃべってないんです」。

どうして？　と聞く。

「正気を失ったと思われるから……」

だから、口を閉じ、心を閉じてきたのだ。

それも、長年〝闇の勢力〟にすりこまれてきた〝常識〟のせいだ。

こうして、驚天動地のさまざまな体験は「なかったこと」にされ、歴史の闇に封印されてきた。

金色の液体プール

リサという女性被害者の体験。エイリアンに誘拐され、軍事基地のような地下施設に連れていかれた。その施設内には、巨大チューブがいくつも設置され、中には裸の人間が浮かんでいた。彼女もエイリアンに「金色の液体で満たされたプール」に入るよう強制された。その前に、液体の中で呼吸ができるよう“緑の液体”を吸い込むよう命じられた。

後に「これがトラウマになってしまった」という。そのときの恐怖が目に浮かぶ。

漏斗《じょうご》形のプール

似た、“人体実験”の体験は多い。ある男性被害者は、意識のある状態で全裸にされた。

そして「緑がかった黒いゲル」で満たされた漏斗形のプールに入るよう強制された。

プールは金属性で、直径は18mほど。底は非常に深かった、という。

「なんとか水面に出ようともがいたが、プールの壁面は、ツルツルしてどうにもできなかった」。それだけではない。液体の中には、彼以外にも15人ほどの人間が浮遊していた。

「彼らは、全員パニック状態で、なんとか逃れようともがいていた」

この被害者も、生還して体験を証言している。

だから、エイリアンに“殺意”はないようだ。おそらく、われわれが魚釣りをしたあと、魚を生簀《いけす》に放つ感覚なのだろう。液体の中なのに溺《おぼ》れたり、窒息しない。それは、他の被害者の体験と重なる。宇宙人は特殊な生存方法を与えて“獲物”を生存させているのだ。

これら3つの被害例に共通する「液体保存」について、他の見解もある。

それは「ＵＦＯの超高速移動の加速衝撃から人体を守るため」という説だ。なるほど、液体の中なら加速の衝撃は緩和されるだろう。

しかし、真相はエイリアンにたずねるしかない。

「謎の液体に漬けられた！」
“人体実験”の体験談

ＵＦＯ拉致事件などに詳しいジャーナリストのニック・レッドファーン氏はこう語る。

「……エイリアン・アブダクション体験談には、これまで注目されていなかったさらなる共通点が存在します」

それは「ＵＦＯの中で、“謎の液体”や“ゲル”の中に漬けられた」という生々しいもの。

ガラス・シリンダー

「目が覚めたら、自分は裸で、液体に満たされた透明ガラスのシリンダーの中にいた」

ある被害者の証言だ。中は水ほど軽くもなく、油ほどの粘性もない。緑がかった液体で満たされていた、という。不思議なことに、この被害者は目覚めてからも、不快感はなかった。“液体”の中でも目にしみることもない。さらに驚くことに「呼吸もできた」。次第に意識がはっきりして、自分は、たしか寝室で眠りについたことを思い出した。

ベッドの中にいるはずが、全裸でガラス・シリンダーの“液体”の中にいる。まるで悪夢か、ＳＦ映画……。その状況を信じろ、というほうが無理だ。とうぜん被害者は恐怖に駆られる。

そのとき、被害者は「まぶた以外、体はまったく動かすことができなかった」。

しばらくして体が動くようになったのでシリンダーから“脱出”した。

「……出てすぐは、呼吸できず、“液体”を吐きだして、なんとか息ができるようになった」

自分が置かれていた“研究室”は、「不快で奇妙な臭《にお》いのする、薄暗くて蒸し暑い場所」と証言している。

第3章

〝悪魔勢力〟が人類を〝洗脳〟……近代二〇〇年の暗黒

——経済学、物理学、医学から天文学まで嘘だらけ

世界大戦まで自由自在に起こした〝闇の勢力〟たち

狙いは「人口削減」と「巨利収奪」

「——世界は、闇の勢力に支配されてきた」

こういっても、うなずく人たちが増えてきた。

その大きなきっかけとなったのが9・11だろう。米国同時多発テロという〝造語〟に、その人たちは笑って肩をすくめる。まるで、茶番劇といっていいくらい。粗雑で荒っぽい自作自演

劇だった。「象が歩いた後のようだ！」と呆《あき》れられるほど、証拠の山が乱雑に散らかっていた。

この悪辣《あくらつ》無比のヤラセ劇の真実に気づき、怒っている市民はあまりに多い。

にもかかわらず、この9・11惨劇を、〝闇の勢力〟が吹聴するように「テロ組織アルカイダがやったテロだ」と、いまだ信じている人がいたら、もはや救いようがない。

同様に3・11東日本大震災も〝やつら〟が人工地震で仕掛けた巨大テロだった。

コロナも然《しか》り。つづくコロナワクチンも同じ。その他、あらゆるパンデミックは、悪魔の仕掛けた罠《わな》だった。その後は必ずワクチンという〝生物兵器〟が強制された。

狙いもはっきりしている。人口削減と巨利収奪だ……。

わかりやすくいえば、〝人殺し〟と〝金儲け〟。

〝やつら〟は「地球の適正人口は五億人」と公表している。

堂々たる大量殺戮《さつりく》の〝宣言〟だ（ジョージア・ガイド・ストーン）。

〝やつら〟の直接の狙いはまずは地球人口を一〇分の一まで削減（殺戮）する（「グレートカーリング計画」）。

そして、最後は目標の五億人という適正人口まで削減する。

ちなみに、有色人種はほぼ全員、皆殺しにする。

例外的に、ごく少数の優秀な者は〝奴隷〟として生かす。

耳をすませ、目を覚ませ！

ここまで読んで、あぜん呆然《ぼうぜん》となっている人がいたら、あまりに無知正直にすぎる。

もし、本書を読んでいるあなたがそうだったら……。

この本を閉じるがよい。もはや、あなたを救うことは、極めてむずかしいかもしれない。

それでも、真実を知りたい。そう思われるなら、巻末の参考文献を一冊でも手に取り、眼を通してほしい。「無知は罪」です。そして、「知ろうとしない」ことは、さらに深い罪なのです。

世界を支配してきた〝闇の勢力〟が犯してきた罪業の深さには、めまいがする。

〝やつら〟は第一次、二次世界大戦まで計画し、実行し、巨大な利益をあげてきたのだ。

拙著『維新の悪人たち――「明治維新」は「フリーメイソン革命」だ！』（共栄書房）を一読してください。フリーメイソンの黒い教皇アルバート・パイクの驚愕書簡の内容を明かしている。

世界大戦への飽くなき渇望こそ、〝やつら〟の宿望である。

第二次大戦後、欧州ラビ会議は「あらゆる手段で第三次大戦を起こせ！」と決議、檄《げき》を飛ばしている。

「……われわれの持てるあらゆる手段を総動員して、五年以内に第三次世界大戦を勃発《ぼっぱつ》させる処置を講じなければならなくなった」「一〇年以内に、わが民族は世界で、すべてのユダヤ人が王となり、すべての非ユダヤ人が奴隷となる正当な地位を得るだろう」（一九五二年一月、ブダペスト開催の欧州ラビ会議での講演録）

〝やつら〟は共産主義や共産圏すらねつ造した。

〝共産主義の父〟マルクスは巨大財閥ロスチャイルドの工作員であり、〝革命の父〟レーニンはイルミナティ工作員。第二次世界大戦を引き起こしたヒトラーまでが英国の工作員だった。（『ヒトラーは英国スパイだった！（上・下）』ヒカルランド）

ここまで読んで、頭の中身がグチャグチャのパニックになった人もいるかもしれない。

政府、テレビ、新聞や学校で習ったことと真逆なので、頭が大混乱に陥っているのです。

しかし、耳をふさいでうずくまっては、いけない。

それは、命を落とすこと、つまりは、〝やつら〟に殺されることを意味する。

聞きたくなくても、知りたくなくても、耳をすませ、眼を見開いて真実を見つめなければならない。

〝闇（悪魔）の勢力〟vs.〝光（人類）の勢力〟

国家も民族も宗教も破壊する

過去から地球社会を支配してきた〝闇の勢力〟とは――?

それは、九ページに三層構造でしめした。

その構造の基本となるのが下のピラミッド図形だ。

頂点に存在するのがルシファー（悪魔）だ。

つまり、〝闇の勢力〟は悪魔に支配されている。

国家が下から二番目に位置することに驚かれるだろう。そして、最下層が、われわれ〝人類〟だ。

つまりは、この時点で九九％の人類は奴隷状態なのだ。

こうして、〝やつら〟は国家も民族も宗教も破壊してきた。

しかし――。

9・11、米大統領不正選挙、コロナ偽パンデミック、殺戮ワクチン禍……そして、ウクライナ戦争を経て、世界の人類は急

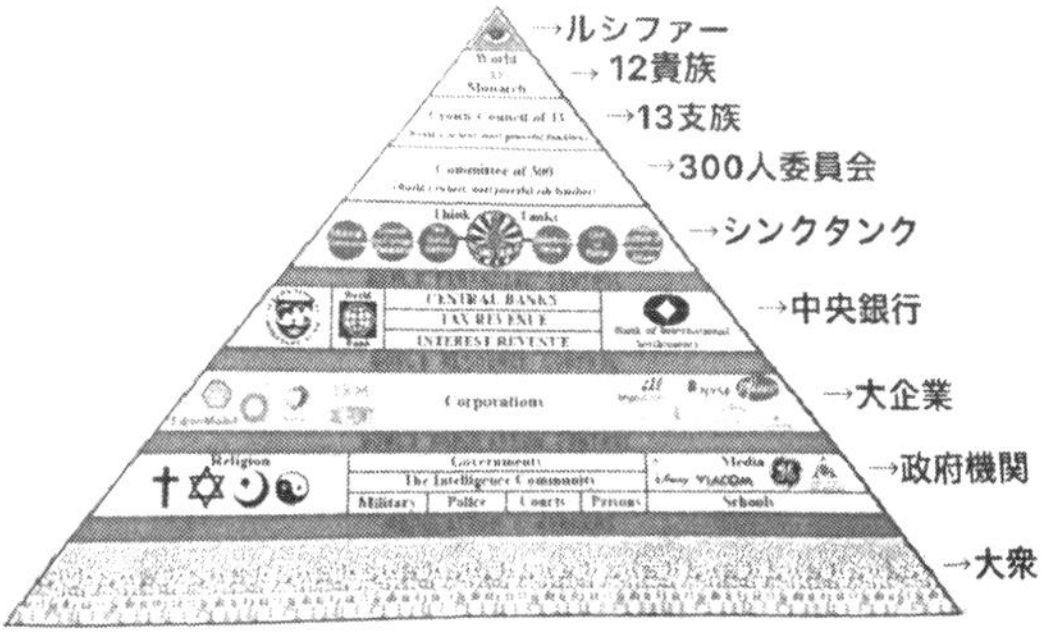

人類“支配ピラミッド”頂点にはルシファー（悪魔）が君臨

速に覚醒しつつある。

そして、いまや世界は真っ二つの対立構造をなしている。

それが、「〝闇の勢力〟vs.〝光の勢力〟」だ。

言いかえると〝グローバリスト〟vs.〝ローカリスト〟。この対立図こそが、現代の地球社会を理解する上で、絶対不可欠だ。その図式を知らなければ、現代社会で起こっていることは、まったく理解できない。

情報〝洗脳〟で人類家畜化

本書のテーマは「幽体離脱」だ。

このような科学的、スピリチュアルなテーマにも〝闇の勢力〟は介在しているのか？

疑問に思われるだろう。

むろん、〝闇勢力〟の支配は、あらゆる学問に及ぶ。

〝やつら〟の狙いは、人類の徹底的な家畜化だ。

■世界の対立軸は、グローバリズム vs. ローカリズム

グローバリズム“闇の勢力”	VS	ローカリズム“光の勢力”
《悪魔教》（サタニスト）	⇔	《既存宗教》（多彩信仰）
《新世界秩序》（NWO）	⇔	《地域自立主義》
《全体主義》（ファシズム）	⇔	《民主主義》（デモクラシズム）
人類家畜社会	⇔	多様共生社会
国家・宗教を廃絶	⇔	国家・民族が繁栄
財産・子供・住居没収	⇔	財産・居住・職業自由
地球人口を５億人に	⇔	成長と調和の地球社会へ
米、欧、加、豪、日	⇔	中、露、印、中南米、中東、アフリカ
“遺伝子ワクチン”	⇔	“既存ワクチン”
人口削減	⇔	人口不変　（＊「ディガール報告」）
バイデン、エリザベス女王	⇔	トランプ、習近平、プーチン
ローマ法王、ゼレンスキー		

現代世界は「闇」VS.「光」二大勢力が対立

〝やつら〟は自分たち以外をゴイム（獣）と呼んで、蔑《さげす》んでいる。はじめから人間とは思っていない。人間に見えるが、獣なのだ。だから、いくらだましても、いくら奪っても、いくら殺しても、まったく良心は痛まない。

人類（獣）を家畜化する。これが、〝やつら〟の目的だ。

日本の敗戦後、米トルーマン大統領は、こう言い放った。

「――この国のサルどもをスポーツ、セックス、スクリーンの3S政策で〝洗脳〟し、徹底的に働かせて、極限まで搾取するのだ。それは、先勝国であるわれわれの特権である」

さらに〝洗脳〟に使われるのが教育であり報道だ。つまり、アカデミズムとジャーナリズムという二つの情報源を握り、操作すれば、ゴイム（獣）たちを自由自在に操れる。

だから科学、物理学なども例外ではない。

学問は〝洗脳〟装置と化し、悪魔の使徒たちが、学者然として人類を〝洗脳〟してきたのだ。

ロスチャイルド世界征服計画

まさに、〝やつら〟こそ悪魔である。

連中の究極の狙いは、この地球を丸ごと支配することだ。

一七七三年、当時、すでに欧州随一の財閥だったロスチャイルド家の当主マイヤー・アムシエル・ロスチャイルドは若冠三〇歳の若さで、驚嘆すべき挙に出た。

彼はフランクフルトにヨーロッパ中から一二人の有力者を招集し、彼らの前でこう宣言したのだ。

「……われわれは、あらゆる国家を破壊し、民族を破壊し、宗教を破壊して、この世界を丸ごと支配する」

彼は、その具体的な戦略として「世界征服二五箇条の計画」を採択している。

現在、コロナ・ワクチンやウクライナ戦争で、人類を攻撃している〝闇の勢力〟の正体こそ、マイヤーに連なる悪魔戦略だ。〝かれら〟がめざすのはＮＷＯ《ニューワールドオーダー》：新世界秩序だ。

人口を五億人まで削減し、残った人類を家畜化して永遠に管理支配する。

ここまで読んでも、耳を疑う人もいるだろう。まさか、そんな悪巧《わるだく》みがあるはずないだろう。

しかし、〝やつら〟は数千年もの長きにわたって、姿を替え、名を変えて、歴史の闇に潜《ひそ》み、人類の歴史を裏から操ってきたのだ。

ユダヤ人といえば、われわれは反射的にヒトラーに迫害された悲劇の民族が思い浮かぶ。

しかし、ユダヤ指導者ラビたちは、まったく異なる。

〝かれら〟は、すぐに第三次大戦を起こせ！　と命じているのだ。

「……第二次大戦でわが同胞の一部を、あえてヒトラーの悪党どもに生け贄として捧《ささ》げざるをえなかった。（第三次大戦では）あの辛い日々を、われわれはふたたびくり返さねばならぬかもしれない。（中略）生け贄は、常にわが民族の合い言葉だった。世界の主導権と引き換えに数千人のユダヤ人を犠牲にすることは、むしろささやかな代償にすぎない」（欧州ラビ会議での講演）

見よ！　腐った「悪魔」の計画、「陰謀」の系譜

人類支配の巧妙なピラミッド

デーヴィッド・アイク氏は、いまやトップレベルの思想家といえる。

彼こそ、〝闇勢力〟の陰謀と野望を数十年にわたって緻密《ちみつ》に告発してきた代表的人物なのだ。

「……イルミナティは、一握りの人間しか知らない地球規模のアジェンダ（計画）を推進するためのピラミッド構造を社会全体に構築した」（『マトリックスの子供たち』から）。

それは、小さなピラミッドが〝入れ子細工〟のように組み込まれて、巨大ピラミッドを構成している。

「……それは、石油カルテルのような多国籍企業でも、政党でも、秘密結社でも、メディア帝国でも、軍事組織（たとえばＮＡＴＯ）でも、構造はみな同じ。すべてこの〝入れ子状のピラミ

ッドによってコントロールされる」
「どのピラミッドの頂点も同じ人々によって支配されている」
「その頂点に立つのがイルミナティ血族のなかでも最高のエリートである『純血種』なのだ」（アイク氏）

これら巧妙なピラミッドは、下の図のように眼に見えるわけではない。

しかし――。

「……〝かれら〟は、一見、無関係な、むしろ『対立』し合っているかに見える分野の間を、調整しながら、統一した生産を推し進めることができる。これが、〝かれら〟が政治、金融、ビジネス、メディア、軍事など生活のあらゆる領域において爆発的な勢いで中央集権構造を作り上げるのに使った方法である。これは偶然でも、自然発生的なものでもない。冷徹に計算された計画なのである」（同）

俗にフリーメイソン組織は、三三位階が存在するという。

それは、さらにこのような精巧緻密なピラミッド構造をなしているのだ。

「……秘密結社の巨大なネットワークは世界中に広がっており、何百万という会員がいるが、

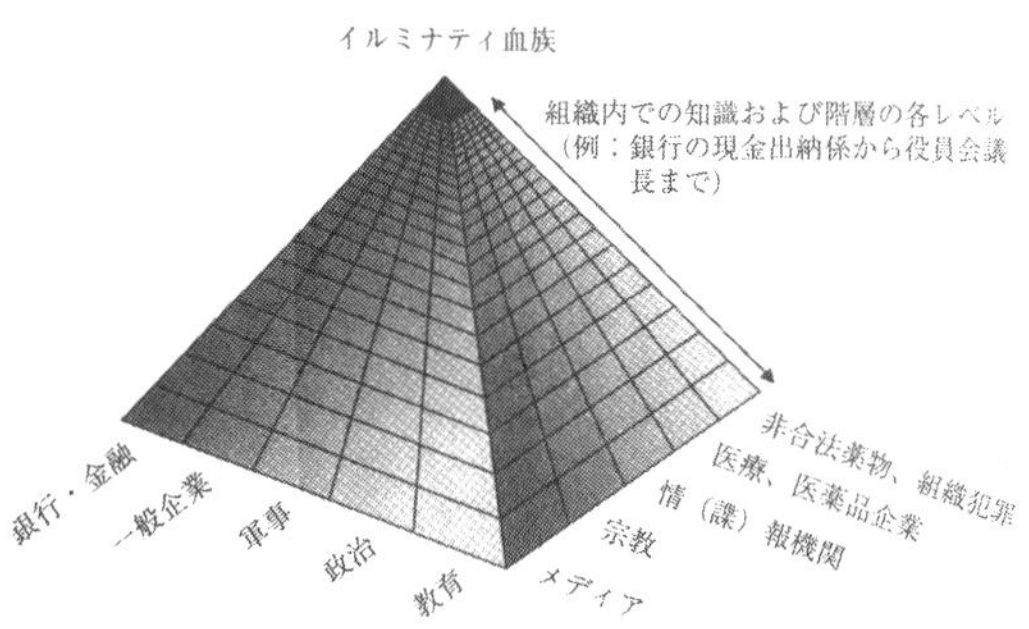

世界すべてを支配する“闇のピラミッド”構造

〝かれら〟は自分の組織のことをわかっているつもりでいながら、何が行われているのか、真の支配者は誰なのかを知る者は、実はほんの一握りしかいないのである」(同)

E・マリンズ氏、命《いのち》懸《が》けの告発

これら闇勢力の跳梁跋扈《ちょうりょうばっこ》は、まさに人類の裏面史である。

〝かれら〟の存在に触れた学者、研究者は、例外なく〝陰謀論者〟のレッテルを張られて、社会的に排除、抹殺されてきた。

そして——。悪魔に魂を売り、飼いならされた学者や政治家やジャーナリストが、わがもの顔でのさばってきたのだ。まさに、〝かれら〟こそ、悪魔勢力の工作員であった。

しかし、二〇二三年から始まったBRICSの急激な台頭により、悪魔陣営の足下が乱れてきた。まさに周章狼狽《しゅうしょうろうばい》とはこのこと。足並みの乱れが、全体の崩壊へとつながることは、論をまたない。

以下——。

悪魔勢力と戦い、告発してきた研究者、言論者たちだ。

〝かれら〟悪魔のルーツは砂漠の民ユダヤにまでさかのぼる。

「あなたが学んだ歴史は、ユダヤ勢力が改ざんした嘘と偽りの集大成」(『真のユダヤ史』ユース

タス・マリンズ著　成甲書房）

「……人類の歴史は、持てる者と、持たざる者との闘争と戦争、人間による人間の搾取、そして恐るべき殺戮の歴史である。しかし、血塗《ちぬ》られた記録を調べると、どの地に居住しようとも、もっとも激しい敵意を常に引き起こし続けた〝民族〟がただ一つ存在する。その民族のみが文明社会のあらゆる部分に寄生した。そして、徹底的に宿主の国民をいらだたせ、ついに宿主が〝かれら〟と対立し、〝かれら〟を殺し、あるいは放逐するまでにいたる」（同、要約）

「寄生」（パラサイト）を、マリンズ氏は、ユダヤ人の内部に根強く巣食う本能だという。

そして、続ける。「いかなる国家もユダヤ人の永久追放に成功したことはなかった」。

それは、現代においても同じだ。

「……今日の文明社会で、富と権力を操る者の大多数はサタンの申し出を受け入れた者であり、イエス・キリストを通じて魂が救済される可能性を放棄した者だ」（マリンズ氏）

マスゴミも学問も腐敗した

彼は現代マスコミもユダヤ勢力（イルミナティ等）にハイジャックされている、と告発する。

「……テレビはアメリカ人が選べるのは、三つのネットワークだけである。『NBC』、『CBS』、『ABC』。これらの（経営者）ユダヤ人は、ユダヤ人御用達《ごようたし》のナイトクラブ以外では絶対に観客に受けそうもないユダヤ人コメディアンらを数十人も、何百万ドルもかけてアメリカ大衆に押しつけてきた」「ユダヤはテレビを独占しつづけた。どのテレビ・ショーのスタッフにもユダヤ人がわんさといる。テレビ番組制作における非ユダヤ人雇用率は、平均一五%でしかない」(同)

ジャーナリズムが制圧されたように、アカデミズムも奪われた。

「……われわれは、マルクスがユダヤ独裁制の冷酷な概念を彼の共産主義哲学のなかに近代化したやり方を論じてきた」「アインシュタインの研究は、『ユダヤの地獄爆弾』(原爆)の発明につながった」「フロイトは、われわれの知性は生殖器と肛門にのみ見出《みいだ》される、と主張して、人間精神の高貴さに〝宣戦布告〟した。そして、これが精神医学という『科学』の基礎となった」(同)

かくして、ユダヤ支配の国々では、愚民化が密かに進行する。

「……(アメリカの大学では)ロスチャイルド家のことが教科書で言及されることは断じてなさそうだ。じっさい、アメリカの学生の教科書には、知られても無害だとされた事柄以外は、ほとんどなにも書いていない」(同)

希有の歴史家マリンズ氏の結論には、暗澹《あんたん》とさせられる。

――共産主義も資本主義もユダヤという悪の土壌から生えた二本の毒花である――

BRICSの急激な台頭

しかし、〝闇〟があれば〝光〟がある。

この悪魔勢力に対して、世界の市民が立ち上がり始めた。

その怒りの火に油を注いだのがコロナ偽パンデミックと、人類殺人ワクチンの強制だ。〝やつら〟は自分たちを殺そうとしている！　ようやく、世界人類は、悪魔戦略の存在に気づいたのだ。さらに、決起の引き金となったのがウクライナ戦争だ。

多くの国は、ウクライナを傀儡《かいらい》支配している悪魔に気づいた（日本だけが気づいていない）。ゼレンスキーは悪魔の走狗《そうく》だ。だから、世界の四分の三は、ロシア制裁に反対あるいは棄権した。

こうして、世界は白人の悪魔戦略の支配に反発し、有色人種を中心とした勢力に結集している。具体的には、BRICSの台頭だ。

ブラジル、ロシア、インド、中国、南アフリカ……これに、全アフリカ諸国、中東、東南アジア、中米など第三世界の国々が、なだれを打って結集している。

悪魔勢力のロシア包囲網の思惑は決壊し、逆にNATO包囲網が結成された。

彼らは〝グローバル・サウス〟と呼ばれる一大勢力圏を結成している。すでに、第三世界経済圏が形成されている。、BRICS本部は、インドネシアのジャカルタに設置されるという。

すでに、これら、ＢＲＩＣＳ連合ではドル決済を拒否。アメリカによるドル石油支配は、急激に崩壊に向かっている。二〇二三年八月、ＢＲＩＣＳ新通貨が発表される予定だ。内部情報によれば、それは金本位制となるという。

こうして、イルミナティ、フリーメイソン、ＤＳの悪魔勢力の拠点、ＮＡＴＯ、ＥＵ……は、急速に勢力を失いつつある。悪魔勢力の崩壊は目前であると確信する。

近代から現代まで、何から何までだまされてきた……

「世界征服二五箇条の計画」

人類史において、近代はモダニズムと呼ばれる。

それは、暗黒の中世と対比される。まさに、人々は封建的な中世の軛《くびき》から解放され、〝光の世紀〟へと一歩を踏み出した。そのように思いこまされた。

しかし、それは、まさに巧妙な悪魔の〝洗脳〟にすぎなかった。

なるほど、中世は絶対王政と教会権力が二重支配する時代だった。

人々は君主による暴政と教会による迷妄に支配されていた。

しかし、近代以降の〝地獄〟に比べれば、まだまだ牧歌的だったのではないか……。

近代の悪夢は、まさに一七七三年、マイヤー・アムシェル・ロスチャイルドの世界征服宣言から始まるのである。彼は三年後、国際秘密結社イルミナティを設立している。

それこそ既存のフリーメイソンに侵入し、世界最悪の秘密結社として君臨し、今日にいたる。

マイヤーの世界征服二五箇条「計画書」こそ、悪魔たちによる人類征服宣言にほかならない。

（以下、要約）

▼「暴力とテロリズムこそ、人間支配の最善の方法である」（一条）

のっけから、悪魔のホンネが飛び出した。

「権力は、〝力〟の中に存在する」（同）。つまり、警察力、軍事力などを掌握して大衆を徹底弾圧せよ。それが、イルミナティの基本戦略なのだ。

▼「政治権力を奪うには『自由（リベラリズム）』を説けばよい。自由思想を利用すれば、階級闘争を仕掛けられる」（二、三条）

――階級闘争とは革命運動である。マルキシズム（共産主義）こそ、その導火線とダイナマイトとして使われたのだ。

▼「大衆を支配するには狡猾《こうかつ》さと欺瞞《ぎまん》で訴えなければならない」（四条）

――つまり、ずる賢い虚妄とねつ造こそ支配の要諦《ようてい》なのだ。

二〇二〇年、アメリカ大統領選挙などは、その典型といえるだろう。

▼「新たな権利とは、強者による攻撃の権利だ。既存の秩序と規律をすべて破壊し、新たな制度を築く権利なのだ」（五条）

――日本の幕末維新からロシア革命まで、まさに〝やつら〟の掌中にあった。

▼「われわれの富の力は、隠さなければならない。無敗の強大さを獲得するそのときまで秘匿する。さもなければ、数世紀にわたる企《たくら》みは無に帰してしまうだろう」（六条）

――若冠三〇歳のマイヤーと一二人の支援者たちは露骨に「人類支配宣言」を謳《うた》っている。それは、あからさまに暴力、謀略、狡猾、奸智《かんち》を策略として唱えている。

「群集心理、酒、ドラッグ、退廃でゴイムを支配せよ」

●「自由」「平等」「博愛」のペテン

マイヤー・ロスチャイルドたちは、さらに悪魔的な大衆支配をぶちあげる。

▼「群集心理を利用せよ。そうして、大衆に対する支配を確立するのだ」（七条）

――現在の腐敗したテレビ、新聞がその役目を担っている。

▼「酒類、ドラッグ、退廃道徳……など、あらゆる悪徳を利用せよ。それは、工作員により組

織的に行う。こうして、各国の若者の道徳心を破壊するのだ」（八条）

▼「大衆を服従させ、われわれの主権を勝ち取れ。ためらうことなく財産を奪え。それがわれわれの特権だ」（九条）

ここまで来ると盗賊、強盗となんらかわりはない。

▼「われわれこそが『自由』『平等』『博愛』で大衆を欺罔《ぎもう》してきたのだ。この言葉は愚者たちにより繰り返されてきた。ゴイム（獣）どもは賢者であると自称する者さえ、この言葉の意味を理解できずにいる」（一〇条）

――ここで、ついにゴイム（獣）という言葉が登場する。

〝かれら〟が人類を獣か家畜とみなしている。それが、露呈した表現だ。

▼「『自由・平等・博愛』など自然界には存在しない。ゴイム（獣）たちの貴族社会の階級の上に、われわれは金の力による貴族社会をつくりあげたのだ」（同）

――次は、イルミナティが戦争を利用して世界征服を謀《はか》る謀略が述べられる。

▼「戦争を誘発し、対立する双方の国家がさらに借金を負うよう仕向ける。そうして、われわれの工作員の手中に陥落させるのだ」（一一条）

――これこそイルミナティお得意の〝二股支配〟のテクニックだ！

国家を裏から操る工作員たち

▼「われわれのゲームの駒《こま》となる工作員を養成する。かれらを〝助言者〟にしたて国家を裏から操るのだ」（一二条）

――ここで、〝かれら〟の手先となる工作員について、記している。

▼「工作員は、幼い頃からわれわれの考えに沿って養育、教育され訓練される」（同）

――情報操作（プロパガンダ）についても露骨に言及している。

▼「まず誹謗《ひぼう》・中傷・虚報を流す。自らは非難が及ばぬよう身を隠す。巨大な資本を活用して、大衆操作のための情報出口をすべて支配するのだ」（一三条）

▼「貧困と恐怖によって大衆支配せよ。そのときは常に工作員を表舞台に立たせる。そして、貧困、恐怖は〝犯罪者〟や無能な〝政治家〟のせいと錯覚させる」（一四条）

――こうして、大衆は「悪い」のは犯罪と政治と〝洗脳〟されるのだ。

▼「そして、犯罪者や精神異常者を処刑する。すると、われわれは大衆から救世主として崇《あが》められる。労働者の保護者として迎えられる。ところが、実際は、われわれの目的は真逆でゴイム（獣）の数を減らすこと。殺害することなのだ」（同）

――ここで思い浮かぶのは、まさにマルクスやレーニン、スターリン、さらには毛沢東の横顔である。こうして、詐欺、扇動、殺戮……〝やつら〟は思いのままだ。

▼「われわれの力を行使すれば、失業と飢餓も思いのままだ。そうすれば、より強大で確実な資本による支配力が生じる」（一五条）

――〝やつら〟は世界の中央銀行を乗っ取り不況、好況も自由自在に操る。さらに、農業、農薬、種子まで完全支配し、食料までも奪っている。

フリーメイソンに潜入し、すべてを乗っ取る

ヒトラーも工作員だった

▼「フリーメイソンへの潜入について。目的は組織のすべてを利用することだ」（一六条）

――ここで、唐突にフリーメイソンが登場する。「フリーメイソンを実質、乗っ取る」と宣言しているのがスゴイ。

▼「フリーメイソン潜入活動の目的は、勧誘活動とゴイム（獣）に無神論と唯物論を広めるためである」（同）

――やはり、東側の社会主義圏、共産主義圏は、〝やつら〟悪魔勢力の犠牲となったのだ。

以下、悪魔たちは〝工作員〟の資格について述べている。

▼「〝工作員〟は仰々《ぎょうぎょう》しい言い回し、大衆受けするスローガンを駆使する。そのため訓練され

なければならない。大衆には惜しみなく約束しなければならないからだ」（一七条）

――だれでも、あのヒトラーを思い浮かべるだろう。彼こそ、まさにイルミナティの工作員であった（参照『ヒトラーは英国スパイだった！（上・下）』ヒカルランド）。

▼「恐怖支配は、手っ取り早く大衆を服従させるもっとも安上がりな方法だ」（一八条）

――世界大戦、共産主義、ファシズム……9・11、コロナ偽パンデミック、みんなそうだ。

▼「政治・経済・財政の〝助言者〟の仮面をかぶったわれわれの工作員が、命令を実行できるようにする。すべての戦争の後には秘密外交が必要だ。それには、われわれの工作員が関わる。それなくして、諸国家間で、いかなる取り決めもできないようにする」（一九条）

――〝やつら〟は戦争を起こす権利も終結させる権利も掌握している。そして、戦後処理も〝やつら〟の思うままだ。日露戦争のポーツマス条約、第二次大戦後のサンフランシスコ条約など、その背後にイルミナティの工作員が暗躍していたのだ。

ゴイム（獣）からすべてを奪いNWO：新世界秩序へ！

工作員たちを暗躍させろ

――いよいよ、以下は、最終目的、NWO：新世界秩序が登場してくる。

▼「われわれの最終目的は、世界政府である。そこに到達するためには、大規模独占が不可欠だ。ゴイム（獣）の富裕者であっても、われわれを頼るほどの大規模な富の蓄積が必要となる」（二〇条）

――だから、〝やつら〟は世界の富の九九％以上を、独占してきたのだ。

▼「ゴイム（獣）から、その富と産業を奪う。そのために重税と不当競争を仕掛ける。そして、ゴイム（獣）の経済を破壊する。国際社会でゴイム（獣）が商売できなくすることは可能だ。それは原材料の支配、労働運動の扇動、競争相手の育成……などだ」（二一条）

▼「最終的に残すのは以下の連中のみだ。われわれの運動に尽くす少数の金持ち。われわれの利益を守る警察と兵士たち。命令にしたがう肉体労働者たち。（それ以外の）ゴイムには殺し合い（戦争）をさせる。そのため大規模な軍事増強が必要だ」（二二条）

▼「世界統一政府のメンバーは、独裁者により任命される。大金持ち、企業家、科学者、経済学者などから選任される」（二三条）

――だから、ここでは民主的選挙などは、いっさい幻想だ。

▼「工作員たちは、誤った理論・原則を大衆（ゴイム）に教え込む。そうして社会の若年層の精神を困惑させ、腐敗させるのだ。工作員は、この目的達成のため、あらゆる階級、階層や政

府に潜入しなければならない」（二四条）

——この工作員の代表的な者がマルクス（経済学）、フロイト（精神医学）、アインシュタイン（物理学）、ウィルヒョウ（医学）、フォイト（栄養学）たちだった。

現代も、学界、政界、メディアには〝怪しい〟工作員だらけだ。

▼「国内法も、国際法も、変えるべきではない。歪曲《わいきょく》し覆い隠すのだ。さらに見えなくする否定的解釈を行う。そうして現状のまま利用する。そうしてゴイム（獣）の文明を破壊するのだ」（二五条）

——なんという大胆悪辣《あくらつ》。「法をねじ曲げ」「骨抜きに」と悪魔はささやく。それは、まさに法治国家の破壊である。

以上のようにロスチャイルド財閥の創始者マイヤーは、世界最凶の秘密結社イルミナティの創設者でもあった。そして、彼が統括した『世界征服二五箇条の計画』は、今も生きている。それどころか、その「計画」は実に生々しく実行に移されている。

アメリカ大統領選挙の不正工作やコロナ偽パンデミック、さらにはDSによるウクライナ戦争の陰謀……。これらは、驚くほどにマイヤーの「世界征服計画」を忠実に踏襲している。「世界征服計画」は、約二五〇年の年月を経て、今もなお生き続けているのだ。

「生気論」を否定した死神医者ウィルヒョウの大罪

〝偉大な〟学者たちは工作員

『二五箇条「計画」』に登場する〝工作員〟に相当するのが〝洗脳〟学者たちだ。

近代に登場した〝偉大な〟学者たちは、ことごとくイルミナティの工作員であった。

マルクス（経済学）、フロイト（心理学）、アインシュタイン（物理学）、ウィルヒョウ（医学）、フォイト（栄養学）の各々の罪状は、拙著『世界をだました5人の学者』（ヒカルランド）で断罪した。

〝かれら〟は、すべて近代の偉人である。

その学問は、まさに黄金律（セントラルドグマ）として、今も大学で教えられている。

しかし、それらが虚説、誤謬《ごびゅう》であったことは、もはや論を待たない。

アインシュタインの相対性理論は、約一〇〇年近くも前に先進的な量子力学に完敗していた。にもかかわらず、一〇〇年余も科学の祭壇に、埃《ほこり》をかぶったまま飾られてきたのだ。遅ればせながら、量子力学の台頭で相対性理論は、一敗地に塗れ、偽の玉座から退いていった。

科学信仰と生命「機械論」台頭

捨て置けないのがルドルフ・ウィルヒョウだ。

彼はベルリン大学学長を歴任するなど、まさに、ドイツ医学界のドン（首領）であった。国内において、彼に歯向かうことは不可能であった。当時、ドイツは世界の医学を牽引《けんいん》していた。だから、当時、ウィルヒョウは世界の医学界の盟主でもあった。

そのころ、世界の医学界では一つの論争がまき起こっていた。

それが「生気論」と「機械論」の対立である。

根源は、「生命と何か？」という論争であった。

それまでは、医学の祖といわれる医聖ヒポクラテスから連綿として、「生気論」が主流であった。それは「生命とは科学では説明のつかない『生気』が支配している」という考えだった。

「生気」は「霊気」とも呼ばれ、既存の化学や物理学では説明がつかない存在……というのが「生気論」者の認識だった。

ところが、一八世紀、イギリス産業革命の勃興《ぼっこう》を受けて、科学信仰が芽生えてきた。

人類の死因一位は“医師”という悪夢の元祖

つまり「科学ですべては解明、解決できる」という思想である。

そこから発生したのが生命「機械論」だ。

つまり「生命も所詮《しょせん》は、巧妙な機械にすぎない」という荒っぽい解釈だ。

「機械論」者たちの〝勝利宣言〟

「生気論」には、生命への畏敬《いけい》があった。しかし、「機械論」には生命への慢心があった。

その機械論の急先鋒がウィルヒョウだった。闘争好きの彼は、「生気論」者たちに論争を挑んだ。

「生命を司る『生気』なるものが存在する？　なら、その存在を科学的に立証してみろ」

これは、まさに無理難題というしかない。「生気論」者は「科学で説明できない存在」が「生気」だと主張している。なのに、ウィルヒョウらは、それを「科学で説明しろ」とねじこんだ。これは、卑怯《ひきょう》極まりない攻撃だ。当然、「生気論」者たちは返答に窮した。

すると、「機械論」者たちは、それを「それみたことか！」と、見下した。

「……『生気論』敗れたり！」

勝手に〝勝利宣言〟をしてしまった。そして、ウィルヒョウはこう胸を張ったのだ。

「生体も単なる物体だ」「物体に自然に治るなど神秘的力が存在するわけがない」「病気や怪我

を治すのは、われわれ医者であり、医薬であり、医術だ」

この台詞に、拍手を送ったのがイルミナティなのだ。

悪魔の満足げなうなずきが眼に浮かぶ……。

――以上のように近代から現代にかけて、人類の「知」は、完全に悪魔勢力に乗っ取られて、今日に至るのである。

すなわち、そのほとんどは狡猾《こうかつ》な〝洗脳〟の産物にすぎないのだ。

第4章

宇宙すらも支配する〝闇勢力〟消して、隠して、ねつ造する

――もう〝やつら〟にはだまされない！

空を見ろ！　宇宙も「嘘」に満ちている

宇宙でも人類はだまされた

われわれは、歴史で〝闇の勢力〟にだまされてきた。

経済も、科学も、医学も……。あげていたらキリがない。

イルミナティ、フリーメイソン、DSの三層構造の〝闇の力〟は、まさにやりたい放題で嘘をばらまいてきた。〝やつら〟は、政府、学界、メディアを完全支配してきたからだ。

だから、〝洗脳〟も〝マインド・コントロール〟も自由自在だ。はじめから、〝やつら〟はわれわれを人間扱いしていない。この冷酷な現実を胸に刻むべきだ。

そして――。宇宙についてさえも、巧妙にだまされてきたのだ。

わたしは『NASAは〝何か〟を隠してる』（ビジネス社）で、その虚妄を告発した。副題「UFO、天体、エイリアン……宇宙は嘘に満ちている！」に注目。われわれが真実と思いこまされてきた〝宇宙〟のストーリーは、ほぼすべてが嘘だった。

帯コピー「空を見ろ！　そこに、すべての『答え』がある」。

隠されてきたのは天空の謎だけではない。それは、地上の嘘にも通じる。

まさにこの世は、天上も地上も嘘だらけなのだ。

BRICS怒りの台頭

しかし、〝闇〟の悪魔勢力は、ジリジリと追い詰められている。

それは、世界情勢から明らかだ。BRICSという第三世界勢力の台頭が〝やつら〟を追い詰めている。それは、ウクライナ戦争がきっかけとなった。

「ロシア制裁」という〝踏み絵〟を、第三世界のBRICS諸国が拒否したのだ。

欧米の白人支配に、有色人種の国々が反旗を翻《ひるがえ》した。すでに、〝第三世界経済圏（グローバル・サウス）〟が形成され、世界の四分の三の国々が、この〝光〟の勢力に参加している。

かつて、大航海時代から欧米の白人列強国家は、帝国主義により海外覇権を拡大し、アフリカ、中東、インド、東南アジア、豪州、中南米、南米大陸などを侵略、支配してきた。欧州からは、まず、宣教師がやってきて〝心〟を盗み、次に商人が〝物〟を盗み、最後に軍隊が〝国〟を盗んだ。そして、〝やつら〟は最後に奴隷として〝人〟も盗んだのだ。

これら〝白い悪魔〟勢力の中枢にいたのがイルミナティ、フリーメイソンの悪魔勢力なのだ。

青い眼にはだまされない

「……もう青い眼の白人には、だまされない」

まさに、積年の恨み――。二〇二三年、ＢＲＩＣＳ連合の急激な台頭の背景には、人類史における有色人種国家の鬱屈《うっくつ》と憤激が煮えたぎっている。

その怒りの爆発を描いた傑作映画が二〇二二年、公開のインド映画『ＲＲＲ』だ。

『Ｒｉｓｅ（蜂起《ほうき》）、Ｒｏａｒ（咆哮《ほうこう》）、Ｒｅｖｏｌｔ（反逆）』

この映画の世界的大ヒットは、まさに、人類史の大転換を象徴するものだ。

この大潮流（メガトレンド）の大変化に、唯一乗り遅れた国がある。墜ちこぼれた、有色人種国家だ。唯一、のこのこ白人連合のＧ７に付いて行った。それが、我らがニッポンだ。

旗色を鮮明にせず、右顧左眄《うこさべん》の卑屈な姿勢。いわゆる〝コウモリ外交〟。これでは、日本の未来は危うい。第三世界のうねりの波に、日本も身を投じるべきだ。

NASAは、消し、て、隠し、て、ねつ造する

エアブラシとUFO画像

白人たちは、宇宙の情報も独占支配してきた。

宇宙空間にロケットを飛ばす技術も〝やつら〟が独占してきたからだ。

だから、宇宙情報のねつ造も思いのまま……。NASA職員の日常業務はエアブラシで写真に映りこんだUFOやエイリアンなどの画像を消す作業なのだ。

「……私はNASAで公表前の写真映像をエアブラシで消去する作業をしていました」

NASAと契約して写真ラボで働いていた女性職員ドナ・ヘアさんの証言だ。

月面写真に写り込んだUFOや構造物など――。彼女は、多くの重要画像をチェックする立場にあった。来る日も、来る日も、エアブラシ片手に、UFO写真などを〝消去〟してきた。

だから、公開されたNASA資料には、不自然な加工処理が多い。中には露骨に塗り重ねた修正箇所やデジタル処理の映像も……。「見せたくない」「隠したい」。そんな意図がありありだ。

このようにNASAは、公開前の映像・写真を徹底チェックし、不都合な映像は、消去、黒塗り、モザイクなどあらゆる隠蔽《いんぺい》操作を加えて〝公開〟している。

〝見逃し〟〝消し忘れ〟

それでも、膨大な量の映像や資料――。徹底したチェックから漏れるものもある。

そんな〝見逃し〟〝消し忘れ〟画像が流出する。さらに、忘れていけないのは、いまや、ネット社会だ。GAFAMをはじめネットには、さまざまな膨大情報が飛び交い、錯綜《さくそう》している。

さらに、市民ユーチューバーたちが、眼を光らせている。彼らはNASAなどの公開映像を、眼を皿のようにして精査する。

そして、修正漏れの画像、映像を発見するや、ここぞとばかりに自らのSNSに投稿し、公表する。

これら市民の〝監視の眼〟は、いまや〝第三の権力〟と言ってよい。

嘘だと思ったら、試みにYouTubeで「UFOとエイリアン」と検索してみるとよい。膨大な情報洪水に仰天するはずだ。そこには驚天動地の信じられない映像や情報が噴出している。

すると、「ネット情報はフェイクが多いでしょ」と冷笑する人もいる。

しかし、ユーチューバー諸君諸姉は誠実だ。情報出所は明らかにし、不確かな情報は「未確認情報」「あくまで噂《うわさ》」などと、断っている。

テレビは見るな！　新聞は取るな！

これに対して悪魔勢力に完全支配された〝マスゴミ〟は悪質だ。〝かれら〟は事件やニュースまで堂々とねつ造する。そこで、活躍するのがクライシス・アクター（偽役者）たちだ。

偽情報の典型が二〇二〇年、アメリカ大統領不正選挙だ。「不正がなければ、トランプ大統領は五〇州のうち四九州で圧勝していた」「不正に関与した国は、少なくとも六五カ国にのぼる」（米政府公式報告）

そして――。就任式もニセモノ、バイデンもニセモノ。どこまで行ってもニセモノだらけなのだ。だから「テレビを見てはいけない」「新聞を取ってはいけない」（参照『アメリカ不正選挙2020』成甲書房）。

アポロ計画テープ、月面資料、すべて〝紛失〟……!?

五一七点全資料が消えた!?

NASAの悪質な隠蔽工作は、つぎの〝事件〟でも明らかだ。

「……二〇〇六年八月、〝珍事〟が起こった。月面着陸の映像データを記録したマスターテープが『行方不明になった』とNASAが発表したのだ。さらに、その五年後、アポロ宇宙船が持ち帰った月の石など、地球外物質五一七点を、NASAは〝紛失〟した、という。（AP通信）」（同書）

〝紛失〟？　それは〝隠蔽〟だろう。だれもが失笑する。

「……『月面のUFOや建造物、さらに宇宙人の存在を隠すためだ』。批判の声が、世界中でまき起こった。しかし、NASAは『紛失した』と言い張っている。ヒューストンとアポロ乗員との交信記録テープなどは、同計画の最重要記録だ。それを〝失くす〟など、絶対にありえない。それは、子どもでもわかる」（同書）

まさに、組織をあげての露骨必死なNASAの隠蔽工作だ。にもかかわらず、衝撃情報が少しずつ漏れている。それらがSNSなどで暴露、拡散されている。

これらは良心的なごく一部の内部職員が、身の危険を冒してリークしているものと思える。

以下――、それら漏洩《ろうえい》情報を一覧にしたものだ。

消し忘れ、隠しそこない！

『NASAは〝何か〟を隠してる』を一読したあなたは、ブッ飛ぶだろう。

そこでは、以下の驚愕事実を暴露しているからだ。これら映像は、エアブラシなどNASAの隠蔽工作を偶然、免れたものだ。つまりは〝見落とし〟〝消し忘れ〟……。

それでも、これだけ奇想天外な映像が漏出している。

まさに宇宙にまつわる〝不都合な真実〟オンパレードだ。

▼宇宙人が古代文明に関与、▼月は「人工天体」だ!、▼月に人工建造物、▼月面に多数出入口、▼月地下に巨大空洞、▼月に三・五㎞巨大母船、▼月面に高さ一四㎞の城、▼月面に高さ四㎞の水晶様タワー、▼火星は緑の惑星だった、▼火星に巨大ピラミッド、▼人類の創造主はエイリアン、▼レプテリアン(爬虫類人類)は実在、▼米軍製UFO〝TR-3B〟、▼太陽は二六℃(常温核融合)、▼太陽に地球の一〇倍UFO!、▼太陽はUFOエネルギー供給源……。

まずは『NASAは〝何か〟を隠してる』を一読してほしい。

人類は、宇宙でもここまで、だまされてきた。

しかし、メディアはDSに完全支配されているとはいえ、その沈黙と黙殺は異常だ。

それは、科学学界にもいえる。関係者は、これら宇宙の歴然とした「宇宙の真実」を、あえて見て見ぬふりをしている。その最大目的はエイリアンの軍事技術の入手だ。

「墜落ＵＦＯと宇宙人を回収！」米高官の衝撃告白

多数ＵＦＯと宇宙人の遺体を回収

「……墜落した多数のＵＦＯと宇宙人の遺体を回収してきた」

衝撃告白が二〇二三年六月、米国メディア“News Nation”で放映された。

女性キャスター：ＵＦＯ・人類以外の知的生命体について、米政府高官が初めて内部告発しました。これらＵＦＯは、明らかに人間以外の起源です。元情報員による爆弾的な証言です。この内部告発を監察総監は非常に深刻に受け止めています。

――勇気ある告発を行ったのは、三六歳の空軍退役軍人デビッド・グラッシュ氏。

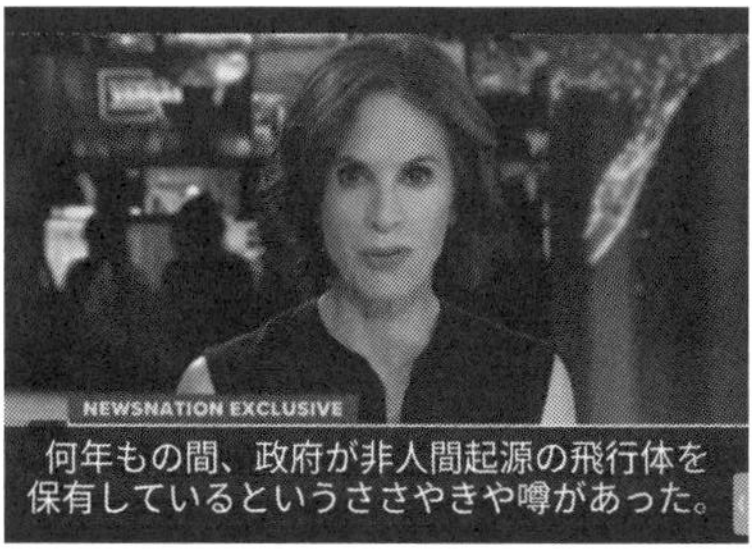
NEWSNATION EXCLUSIVE
何年もの間、政府が非人間起源の飛行体を
保有しているというささやきや噂があった。

米国メディアNews Nationで、UFOや知的生命体についての衝撃的な放送

「報告書」で暴露したのは彼が「極秘軍事計画」と呼ぶ秘密プロジェクト。それは「完全に無傷のＵＦＯなど機体や搭乗していた宇宙人の遺体を回収した」という。

「報告書」を監察総監に提出

女性キャスター：何年もの間、政府が地球外生命体のＵＦＯを所有している、という噂がありました。この「報告書」は、それが真実であることを示す最初の証拠です。

監察総監は、グラッシュ氏の告訴は緊急かつ信頼できるとしています。

空軍退役軍人による爆弾的証言！

グラッシュ氏：われわれは飛行体（ＵＦＯ）を保有している。政府は、その多くを議会や国民に対して秘密にしてきた。

（以下、"News Nation" 上級全国特派員ブライアン・アントン登場）

ブライアン：世界は初めて、米国の元情報高官の発言を聞くことになります。グラッシュ氏は、国家地理空間情報局・元メンバーで退役軍人。彼は「政府は未確認飛行物体（ＵＦＯ）を保有している」と言います。さらに、政府「秘密プログラム」の存在も明らかにしています。誰も公にしてこなかった機密について、正式に内部告発が行われたのです。

UFO「墜落回収プログラム」

（独占インタビュー）

——あなたは、米国の国防および諜報機関で最も信頼されている元情報担当者の一人です。極秘任務、未確認空中現象（UAP）を究明する〝UAPタスクフォース〟を任されていましたか？

グラッシュ氏：ハイ、そうでした。

——任務の終わりに、どんな結論に達したのですか？

グラッシュ氏：〝UAPタスクフォース〟は「墜落回収プログラム」へのアクセスを拒否されたのです。

——「墜落回収」とは、どんな意味ですか？

グラッシュ氏：人間以外の起源の技術的な乗り物を回収することです。「宇宙船」とでも呼んでください。着陸または墜落した人間以外のエキゾチックな乗り物です。

世界は初めて、米国の元情報高官の発言を聞くことになる

――人類以外の種による「宇宙船」があるのですか？

グラッシュ氏：そうです。はい。

アメリカ国民はだまされてきた

――冗談でしょう！

グラッシュ氏：いいえ。「回収プログラム」など初めて聞きました。まったく馬鹿げていると思いましたし、最初はだまされているのか、と思いました。彼らは私に打ち明けた。現役または元上級情報員です、多くは自分の前キャリアでの知人です。さらに書類や証拠を見せてくれた。〝タスクフォース〟内部に「アクセス不許可」プログラムが存在していた！

つまり、政府は数十年間、エイリアン宇宙船を回収していたのですよ。だから私は、これら「機密証拠」を議会と諜報機関長官に提出したのです。

――アメリカ国民は、だまされてきた？

グラッシュ氏：そうです。アメリカ国民をターゲットにした巧妙な偽情報キャンペーンが行われています。これは極めて非論理的で不道徳なことです。

――政府の情報高官が人類に対して、初めて公に「人類は唯一の知的生命体ではない」と言っていることになります。

グラッシュ氏：そうです。人類は、唯一の知的生命体ではありません。当然のことですが、着陸したり墜落したUFOを回収するとき、死亡した〝パイロット〟に遭遇することもあります。信じられないし、幻想的に聞こえるかもしれません。

しかし、これは真実なのです。

エリート将校の命をかけた内部告発

タスクフォースもただのポーズ

二〇二二年、五〇年ぶりに開催された米政府UFO公聴会。

そこで、UFOはUAP（未確認空中現象）と名称が変更された。

そして、海中を含む全領域を対象とするAARO（全領域異常対策室）が設置された。

つまり、地球全域の〝異常〟現象を解明する、という〝タテマエ〟だった。

そして、二〇二三年六月、ついに、これら米軍部の欺瞞《ぎまん》を粉砕する決定的な告発が行われた。

それがデビッド・グラッシュ氏（前出）の暴露なのだ。

まさに、命をかけた決行——。

彼は、アフガニスタン任務で勲章まで授与された元戦闘将校。さらに、国家地理空間情報局

（ＮＧＡ）および国家偵察局（ＮＲＯ）に勤務したベテラン。二〇一九～二一年にかけて、未確認空中現象（ＵＡＰ）タスクフォースの偵察局代表を務めたほどのエリート士官だ。

ＵＡＰ解析の共同責任者とタスクフォース代表を兼務していた。

その組織はＵＡＰ（未確認空中現象）を調査するために設立されたのだ。

彼は、タスクフォースすらアクセス拒否する闇の「極秘組織」の存在を知る。

それが「ＵＦＯ・エイリアン回収プロジェクト」だ。

つまり、タスクフォース自体が、国民を欺くための偽装組織（デコイ）にすぎなかった。

ただのピエロだ。彼は愕然とする。政府は表向きは「ＵＦＯを調査しています」といって、裏では「ＵＦＯを隠蔽していた！」。

ＡＡＲＯ（全領域異常対策室）もそうだ。国民を欺く〝めくらまし〟に過ぎなかった。

そこには、関係各所から未確認の〝乗物〟に関する情報が多数集約されていた。

それらは、調査されるどころか、秘匿隠蔽《いんぺい》されてきたのだ。

〝闇勢力〟が、ＵＦＯ技術を密かに入手していることがバレるからだ。

軍内の不当報復と嫌がらせ

正義漢グラッシュ氏は決断した。ＵＡＰではなく、「ＵＦＯ・宇宙人回収プロジェクト」を徹底調査した。そして、隠蔽された極秘情報を、ペンタゴン（米国防総省）監察官に、秘密裏に提供したのだ。

ところが——

自分の身元と、情報提供した事実が、どこからか漏れていた。さらに、軍内で不当な報復、嫌がらせを受けるようになった。軍全体が、自分を圧殺しようとしている……！

身の危険を感じた彼は、氏名と素顔と経歴をさらし、メディアへの内部告発を敢行したのだ。

「……政府は、何十年にもわたりUFOやエイリアン情報を隠蔽してきた」「情報は議会に対しても違法に隠されている」「私自身は秘密開示により違法な報復を受けた」

じつは、二〇二三年四月一九日、米議会でUFO公聴会が開催されている。

米軍内でも六五〇件以上の目撃例が報告されていた。

「……その半数が異常な動きをしていた！」という。AAROは、それらを「現在、解析中」という。しかし、グラッシュ氏によれば、「見えすいた嘘」なのだ。

米軍は数十年前からUFOを回収し、宇宙人とコンタクトを取ってきたからだ。

つまりは「調査中」という軍部の公表自体が、国民の目をあざむくポーズだった。

まさに、子どもだましの茶番劇だ。

高級将校メガトン級告発

地球外生命体や未確認飛行物体について――米国情報機関の一つNRO（国家偵察局）で、UAP（未確認空中現象）の分析に当たった調査官こそ、グラッシュ氏本人なのだ。

グラッシュ氏は断言する。「地球外生命体はいる」

彼の内部告発は、まさにメガトン級だ。

「……米国政府や、その同盟国、軍需企業などは、九〇年代から現在まで、各地で墜落や着陸した〝乗物〟や〝破片〟を回収し、形状や材質などから、非人類由来と断定している」さらに「宇宙船と見られる機体から、パイロットの遺体なども回収している」

米国政府の目的は明白だ。

「……回収物から技術情報を解析し、リバース・エンジニアリング（分解解析）も行われている。世界の軍事先進国も競合して、UAP（UFO）からの技術研究を行っている」（グラッシュ氏）

さらに、「UFOに搭乗していた宇宙人とコンタクトを取っている」（同）

米軍部が極秘に開発製造した反重力戦闘機〝TR-3B〟などは、まさにこれらUFO情報の産物だろう。（参照129ページ）

内部告発への報復、嫌がらせ

グラッシュ氏の文字通り決死の告発にペンタゴンは、六月七日、短いコメントを発表。

「……主張を裏付ける検証可能な情報を発見していない」

他方、下院監視委員会の共和党委員長ジェームズ・カマー氏は「政府が宇宙船を持っているかどうか？　検証する公聴会を開催する」という。

ＵＦＯ公聴会は「軍部や米兵が目撃しているＵＦＯは、実在するが、正体不明」としている。しかし、グラッシュ氏は「これも、〝隠蔽〟した上での〝公表〟」と肩をすくめる。

米軍内部では、これまでＵＦＯ目撃情報は、多数存在していた。しかし、精神異常者扱いされたり、勤務を外されるなどの〝報復〟が待ち構えていた。

メディアなど外部に情報提供すると、身の安全が脅かされた。

しかし、二〇二〇年、アメリカ議会で、ＵＡＰ（未確認空中現象）いわゆるＵＦＯに関する情報提供者の保護や安全に関して定められた。さらに関連するＵＦＯ報告を増やすために「二〇二三会計年度・国防権限法」に修正案が可決され、バイデン〝大統領〟が署名している。

その目的は――

情報提供者が、報復されることなく名乗り出ることができるようにする。

ＵＦＯ情報の新たな報告システムにより、情報の透明性、多様性を高める。

ところが、国家偵察局代表まで勤めたグラッシュ氏は、この法案があるにもかかわらず、情報提供者として違法な報復を受けている。

七月二六日、下院で開催された第二回UFO公聴会でグラッシュ氏は「命の危険を感じた」と爆弾証言をしている。一昔前なら軍当局によって〝消された〟かもしれないのだ。

お笑い宇宙人解剖フィルム

一方で、米国政府を支配する連中は悪質だ。

これらUFO情報から一般大衆の目をそらさせる。そのため、姑息《こそく》な情報操作も行っている。有名なロズウェル事件では「目撃されたのは気象観測気球」と見え透いた偽情報を流した。さらに、〝かれら〟は、誰が見ても作り物と分かる「宇宙人解剖フィルム」などを作成、わざとメディアに流出させた。それを見て、多くの人々は、「宇宙人なんか都市伝説のオカルトだよ」と腹を抱えて笑い転げた。

これにより、ロズウェル事件は、たんなる笑い話とされた。まさに、大衆を欺く〝洗脳〟操作であった。〝やつら〟は、これほ

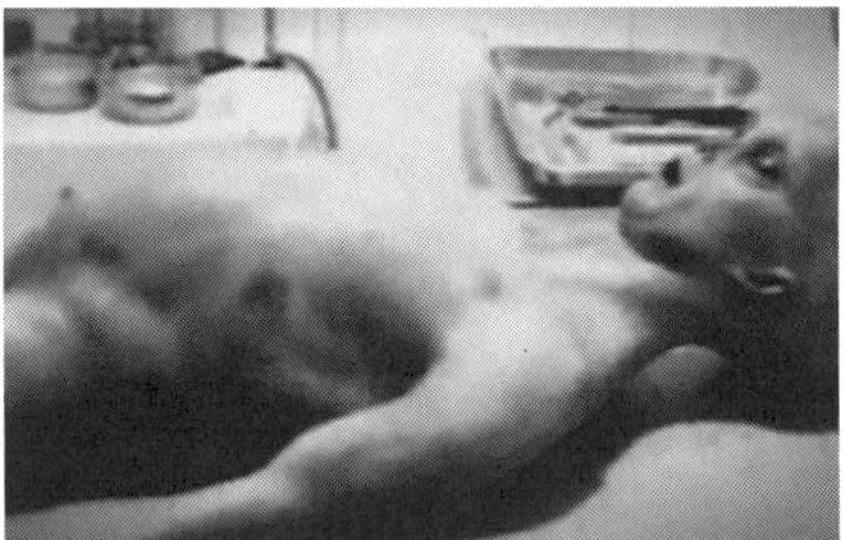

「都市伝説のオカルト」に仕立てるため流布された作り物

ど国民をなめきっている。

国民もそのような情報操作が平然と行われているなどとは夢にも思わない。

たとえば、あのボストン・マラソン・テロ（!?）は、まさに〝闇勢力〟の仕掛けた〝ヤラセ〟だった。赤い絵の具を塗って〝血だらけ〟となり、呻き、苦しんで見せていたのは、全員が雇われた役者たちだった。これら、ねつ造事件で被害者を演じる〝役者〟たちを〝クライシス・アクター〟と呼ぶ。

しかし、ほとんどの善男善女は、このような悪質な情報操作が行われていることなど、夢にも気づかない。

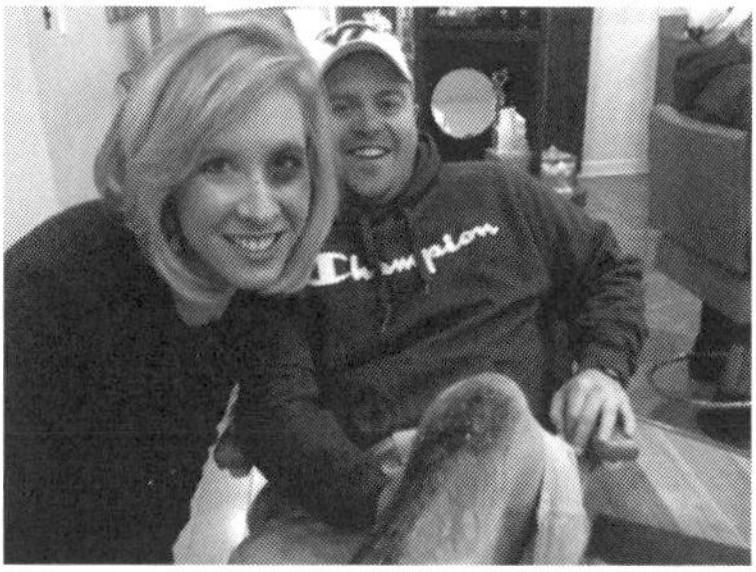
特殊メイクのクライシス・アクター

九ｍの墜落ＵＦＯ内部は、サッカー場ほど広かった！

告発者の安全確保する法律

タッカー報道によるＵＦＯ戦闘で米兵死亡、グラッシュ氏の内部告発……など。

二〇二三年六月、宇宙人絡みの情報が噴出してきた。

すでに、これら情報は普通にマスメディアにまで取り上げられている。

たとえば、グラッシュ氏の告発は、日本の『産経新聞』ですら取り上げているのだ。

「情報提供者の保護」というアメリカ政府の方針転換により、内部告発に対する法律が修正されたことは、すでに述べた。

現在では、ＵＦＯ等について内部告発者の安全と権利は保障されている、とされる。

グラッシュ氏が衝撃の告発に踏み切ったのも、この法律修正が背後にある。

彼は、告発後、身の安全が脅かされたと、この法律に基づき、告発内容を世間に公表した。彼は実名と素顔をさらすことで、身の安全を確保しようとしているのだ。

九ｍＵＦＯ墜落現場での証言

……そして、三弾目が、墜落ＵＦＯ情報だ。

新しい告発者が登場した。ダニエル・シーハン弁護士。

彼は英国『Daily Mail』紙で、衝撃の報告を行っている。

『くろ丸ミステリー』による想像図

彼は「政府が、地球外生命体との遭遇を隠蔽している」と暴露する内部告発者に協力する側の人間だ。

告発者の安全と人権を守ることが、彼の役割なのだ。

内部告発者は、「墜落ＵＦＯ回収プログラム」に所属する人物。

まさに、グラッシュ氏が暴露した極秘組織だ。

その匿名人物がシーハン弁護士に明かした体験談が衝撃的だ。

告発者は、直径九ｍの円盤型ＵＦＯの墜落現場の調査に出動し、現場で立ち会った。

ＵＦＯは墜落の衝撃で一部分が地中に埋まってしまっていた。

そこで、チームの面々は、ＵＦＯの機体の埋まった部分をブルドーザーで地面から引き上げようとした。しかし、引っ掛けた部分がヒビ割れてしまった。

まるで、六等分にカットされたピザ片のようだった、という。

新しい告発者が登場した！

隙間から中にもぐりこむ

ブルドーザーで引っ張ると、〝ピザ〟切れ端は少しスライドして隙間ができた。

さらに、のぞくと内部が見えた。

チームは、できるだけUFOを無傷のまま回収したかったので、ブルドーザーをすぐに止めて作業を中止した。そして、ずれた部分は、ちょうど人が通れそうな隙間だった。

調査員の一人の男性が、恐る恐る中に入っていった。

それから、四時間もたったのに、男性は出てこない。

そうして、ようやく、よろめきながら出てきた男性は吐き気を訴えた。

そして、ぐったりと、その場にしゃがみこんだ。

彼は、同僚たちにこう語ったのだ。

「……中は、サッカー競技場くらい広い空間が広がってたよ」

周りは、全員、耳を疑った。

さらに、彼は続けた。

「……あまりに広いんで、パニクってしまった。おまけに、めまいと吐き気がしてヤバイ、と、一、二分で引き返してきた」

さらに、仲間たちはあぜん……。

「……俺たちは、四時間もおまえを待ったんだぞ」

今度は、男性が青くなった。

空間と時間が〝歪んで〟いた

直径九ｍの墜落ＵＦＯの中は、サッカー競技場ほど広かった。

さらに、外部では四時間もたっていたのに、中では一、二分しかたっていない！

つまり、ＵＦＯの内部には、外から見るよりも非常に広い空間があり、時間の流れもまったく違う、ことが判明した。

つまり、ＵＦＯ内部では、空間と時間が〝歪んで〟いた。

まさに、ＳＦ映画のような信じられない話だ。

しかし、「量子力学」の立場から見ると、ありえるという。

そもそも、ＵＦＯは空間と時間の〝歪み〟を利用して飛行している、と考えられている。

その究極が「テレポーテーション」や「ワープ航法」なのだろう。

シーハン弁護士も「ＵＦＯの空間と時間の歪みは、先進的な推進システムに関して、物理学者によって提唱された理論と一致している」という。

ＵＦＯの高度な技術は、推進力として重力を打ち消すため、周囲の時空を歪めている、という。われわれ、現代人は、まるでキツネに摘まれた思いだ。

しかし、近い将来、あたりまえの話として受け止められるときが来るかもしれない。

ナチスはすでに月に到達!?

翻訳家で真実追及ユーチューバーとして知られる佐野美代子氏は衝撃事実を暴露する。

「……アイゼンハワーが大統領に就任した初年の一九五三年、アメリカ空軍は、少なくとも、一〇隻以上の墜落した宇宙船を回収し、搭乗していた二六人の宇宙人が死亡、四人宇宙人を捕虜にしました。宇宙船墜落は、アリゾナ州四機、テキサス州二機、ニューメキシコ州一機、ルイジアナ州一機、モンタナ州一機、南アフリカ一機など一〇〇件以上の目撃証言がありました」（『世界の衝撃的な真実：闇側の狂気』ヒカルランド）

佐野氏によれば、それ以前に、すでにヒトラーは宇宙人とコンタクトを取っており、テレポーテーション（瞬間移動）や反重力航法の技術を入手していた、という。

「……一九四一年八月二一日、ナチスドイツは南極において、ドラコ・レプティリアンと八〇年間有効な条約を結びました。ナチスが一〇〇エーカーの月面基地を得る代わりに、ドラコが地球人のテクノロジーを支配する、との内容でした」（同）

ここまで読んでも一笑に付す人が、ほとんどだろう。

「……第二次大戦中にナチスが月に行っていた!?　頭おかしいんじゃないの」

ところが、アポロ一五号が撮影した月面写真に、ハーケンクロイツ（鉤十字《かぎじゅうじ》）の建造物がはっきり、捉えられている。これは、まさに、ナチスがすでに月に行っていたことの、動かぬ証拠だろう。

わたしたちは、これらを奇想天外な与太話と笑い飛ばし、馬鹿にすらしてきた。

しかし、前述のタッカーのスクープ、元米軍将校グラッシュ氏の告発。九mのUFOに潜入した調査の証言……などなど。

これらは、すべて驚天動地の動かぬ証拠を人類に突き付けているのだ。

あのアポロ計画ですらこれら「真実」を覆い隠すための巧妙なショーにすぎなかったのだ。

アポロ15号が撮影した月面写真に、ハーケンクロイツが……!?

米軍製UFO〝TR-3B〟

宇宙だけでも――衝撃情報は、いくら書いても書ききれない。どれを見ても「ウソだろ?」と肩をすくめたくなるはずだ。

NASA（米航空宇宙局）は、ペンタゴン（米国防総省）に連なる軍事組織である。この事実を忘れてはならない。しかし、われわれはNASAは、宇宙の謎を解明する研究機関だと誤認している。

本書の第2章、「未知との遭遇」「UFOアブダクション」を読めば、もはやUFOの存在、エイリアンの実在は、疑いもない。

それでも、ＮＡＳＡや米軍は、これらの実態を必死で隠蔽してきた。

その第一の理由は、宇宙人の持つ超技術の独占だ。それには、軍事、民事の両面でメリットがある。先述の米軍製ＵＦＯ〝ＴＲ-３Ｂ〟など、その典型だ。

それは、反重力飛行を行う〝地球製ＵＦＯ〟だ。

「……まさにエイリアンから得たＵＦＯの飛行原理。アメリカ海軍は、二〇二〇年一月、なんと特許出願までしている！ それは『空中・水中・宇宙を飛行可能な〝物体〟』に関する特許。申請された平面図がこれだ。まさに〝ＴＲ-３Ｂ〟の飛行原理。名付けて『高周波重力波発生装置』。もはや白昼堂々。いまさら、〝闇勢力〟は宇宙人技術を隠す気などサラサラない」（同書）

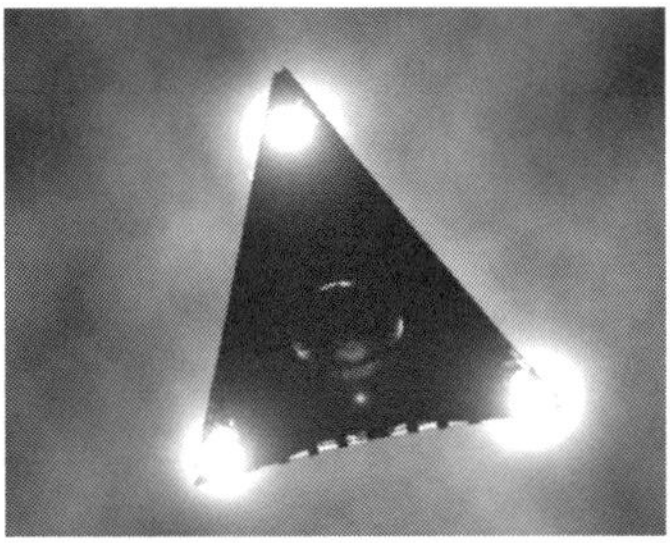

空中・水中・宇宙を飛行可能な物体に関する特許をアメリカ海軍が出願している

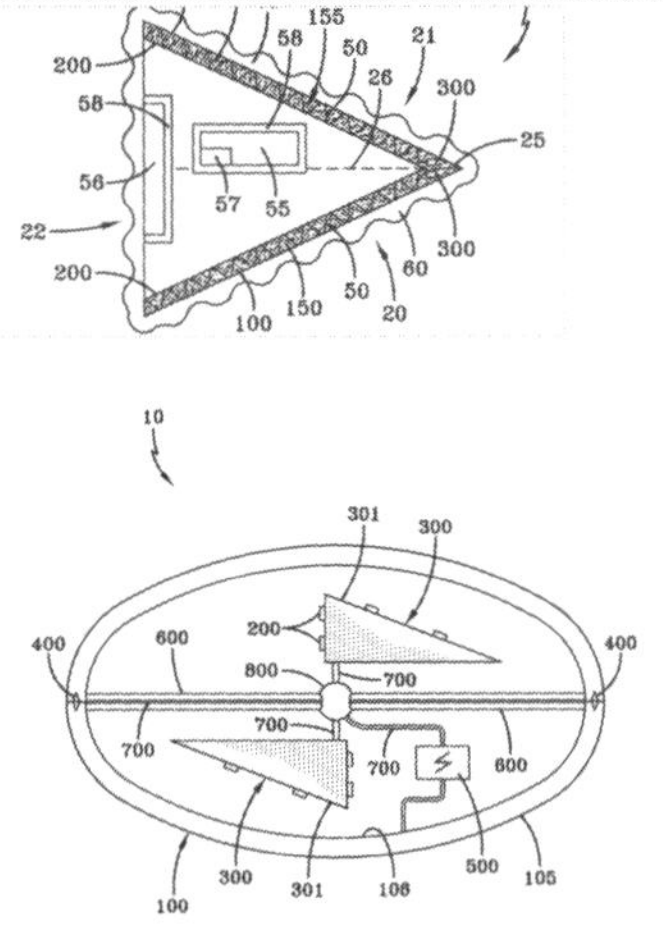

エイリアン遭遇を極秘にしたのは軍事技術のため

太陽周辺に地球の十数倍UFOがウジャウジャ

地球の一〇倍！　超巨大UFO出現

その一例を挙げる。

二〇一二年三月八日、驚天動地の映像が記録された。

NASA（米航空宇宙局）とESA（欧州宇宙機構）の太陽観察共同プロジェクトの実況録画に映り込んだ衝撃映像だ。この太陽望遠鏡は〝helioviewer〟というサイトで公開されている。だれでも、いつでも、無料で、太陽表面を観察できる。

NASAもESAも、太陽周辺で、こんな驚愕映像が記録されるとは予想外だったはずだ。だから、画面操作もいっさい行われないまま、映像は公開された。

だれもが、ひとめで度肝を抜かれるだろう。画面左下に黒い球状の物体が映っている。それは、あたかもクラゲのように触手を太陽表面に伸ばしている。それは、どう見ても太陽からエネルギーを供給している。その証拠に、エネルギー吸収が終わると、一瞬で触手を縮めて、消え去っている。

つまり、この黒い球体は、〝意志〟を持っている。

だから、UFOの一種なのだ。ただ、驚愕するのはそのサイズだ。なんと直径は地球の一〇倍近い。そして、太陽面からエネルギー吸収する〝触手〟の長さも地球七個分。そんな、黒い超巨大UFOが、時々太陽表面にエネルギーを〝吸収〟にやって来ている。

これらは、フェイク映像ではない。

NASAとESA共同の太陽望遠鏡がとらえた記録なのだ。

メディアはなぜ流さない？

不思議でしょうがない。NASAの公式記録に「地球の一〇倍サイズ」UFOが観察された。これは、メディアにとって大スクープだ。新聞一面どころか「号外」ものだ。

NHKなら夕方七時全国ニュースのトップだ。しかし二〇一二年、衝撃UFO映像が公開された当時、この巨大UFOの存在を世界のメディアは、いっさい流さなかった。

これは地球を陰から支配する〝闇勢力〟にとって「不都合な真実」だったからだ。

宇宙には、地球の一〇倍サイズの巨大UFOを自由に操る連中が、存在する。

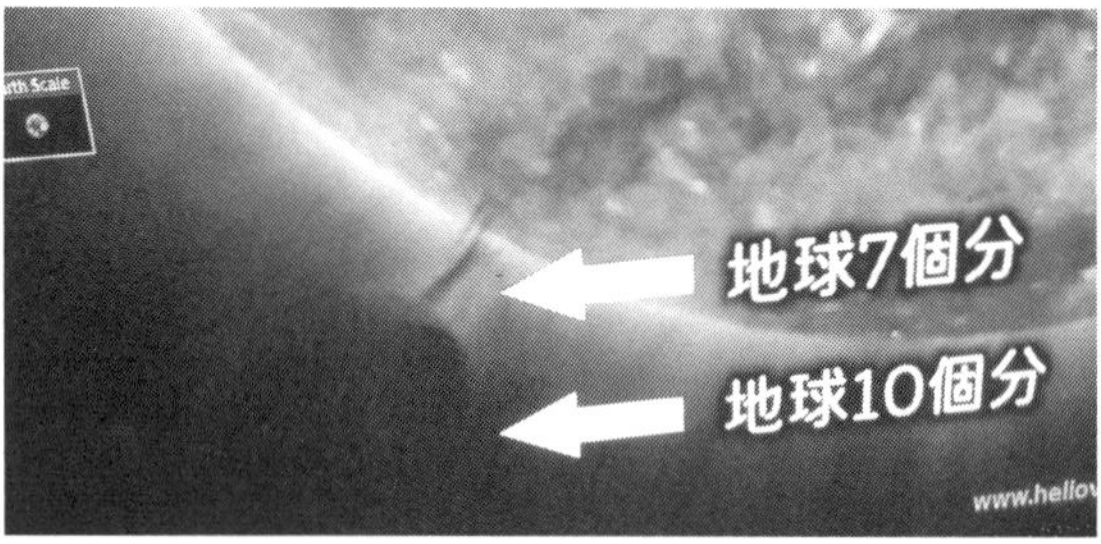

地球の10倍もの超巨大UFOが存在する！

つまりは、トンデモナイ技術力とパワーを持つ存在だ。彼らの強大さに比べたら、地球の〝闇勢力〟イルミナティなども蟻のレベルだ。

だから、〝やつら〟は、この超強大UFOは、なかったことにした。

しかし、それだけではすまなかった。その後も、太陽周辺にはさまざまな形態の巨大UFOがひっきりなしに飛来していることが〝helioviewer〟で判明した。

驚くのは、これらUFO群のサイズだ。どれも例外なく、地球の数倍から十数倍！

彼らの目的は、あの黒い球体UFOと同じく、太陽表面からのエネルギーの供給だ。

UFOの形態も「火の鳥」型から「ブーメラン型」「×型」など多種多様。

これらを専門家は、太陽UFO群と、呼んでいる。地球の一〇倍ものUFO群が、太陽の周囲にブンブン飛来している。研究者は、これらを司るのは「恒星文明」の宇宙人たちだろう、と推測している。われわれ地球人は、太陽系の「惑星文明」の〝宇宙人〟にすぎない。

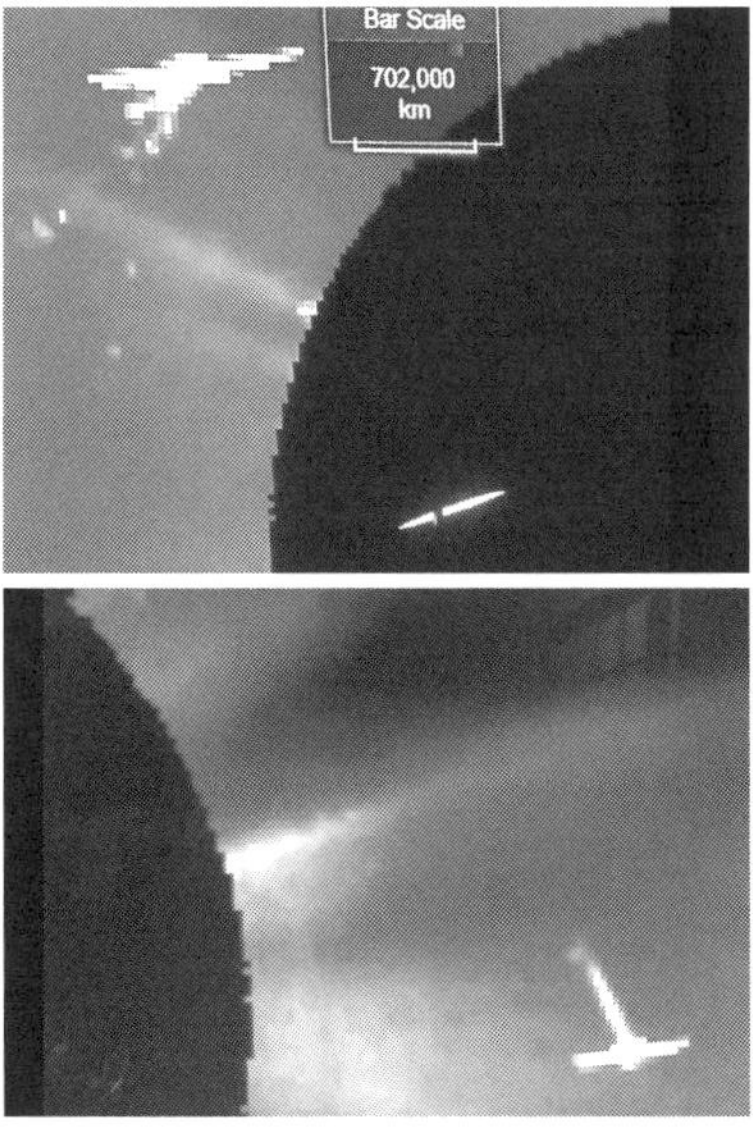

太陽周辺に数多く出現する超巨大UFO群

恒星レベルの彼らにすれば、地球人の存在など、関心の埒外《らちがい》だろう。人類がウイルスを見るような感覚ではないのか？

「太陽常温説」も証明された

多種多様な巨大ＵＦＯが、太陽からエネルギー供給している。

これら映像は、太陽にまつわる嘘まで暴いている。われわれは、学校で太陽の表面温度は約六〇〇〇度と学んだ。そして、太陽フレアの温度は一〇〇万〜三〇〇〇万度に達する、と教えられた。だから、人類は太陽は灼熱《しゃくねつ》の恒星と思い込んでいた。しかし、だれ一人実際に太陽の温度を測った者はいないのだ。ところが、太陽周辺に群がる巨大ＵＦＯたちは、これら〝超高温〟をものともせずに表面からエネルギーを供給している。

本当に、太陽が一〇〇万〜三〇〇〇万度という超高温なら、あらゆる物質は原子核と電子が拡散してプラズマと化してしまう。巨大ＵＦＯといえど、例外でない。

一瞬で〝蒸発〟してしまう。なのに、ハチドリのように太陽からエネルギーを吸収するＵＦＯ群は平気だ。つまり、太陽の超高温説は、嘘だった。それをＵＦＯ群は証明している。

取材の過程で、かつて、天文学界でも「太陽常温説」が唱えられていたことを知った。

たとえば、関英男博士など「低温説」を唱える学者たちは、けっこういたのだ。「太陽が六

〇〇〇度もあるのならいちばん近い水星は火の玉になってしまう。だから太陽は〝冷たい天体〟だ」（関英男博士）

彼らは、こう主張した。

「……太陽では常温核融合が起こっている。だから、太陽の温度は二六℃くらい。太陽からはT波という強力電磁波が放射されている。それは、熱を持たないが、地球の大気圏に到達すると、地球大気に周波数が変換され熱線（赤外線など）に変換され、暑く、眩しく感ずるのだ」

そして、驚くなかれ「太陽には水もあり植物もある」という。

火星の核戦争と惑星ニビル

太陽の温度が軽井沢並みの二六℃……。

これくらいで驚いてはいけない。宇宙の実態は、われわれの知識をはるかに超えている。

『NASAは〝何か〟を隠してる』でも触れたように、火星、月などに〝古代文明〟が存在したことは、もはや疑う余地はない。現に火星には広大な都市の遺跡が発見されている。

火星にはかつて豊かな水があり、緑なす惑星だった。しかし、そこに住む火星人の間で、核戦争が勃発《ぼっぱつ》し、文明は滅び去った。いまだ、火星表面からは核爆発の痕跡《こんせき》が確認されるという。

生き残った火星人の一部は、「宇宙船」で隣の地球に移住してきた。そこで、地球に生息していた類人猿のＤＮＡを操作して、自分たちに似せて人類を創造したのではないか？

同じようなケースが惑星ニビルにもいえる。

これは、古代シュメール文明を生み出したのはニビルから渡来した宇宙人という説だ。彼らはアヌンナキと呼ばれる巨人一族だった。やはり、彼らは地球の類人猿を遺伝子操作（ＧＭ）して人類を創り出した、と伝えられる。

だから、火星人とアヌンナキは、同種の宇宙人なのかもしれない。彼らは火星にも、地球にも植民してきたのではないか？

土星の輪に超巨大なＵＦＯ

そして、地球の衛星、月も人工天体であることは、もはや決定的だ。これもアヌンナキが地球と人類を監視するために、今の位置に〝置いた〟のではないか？

各地の古代民族の伝承には、月が存在しなかった頃の言い伝えが残っている。だから、月の存在は、地球の歴史からすれば、比較的、新しいものなのだ。

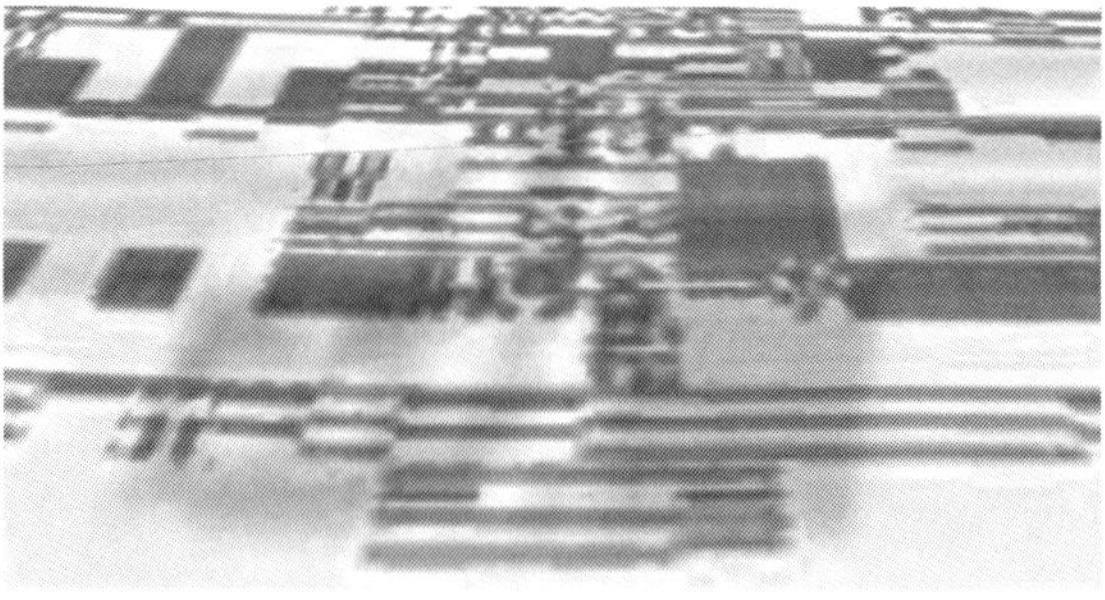

火星に広大な都市構造が存在する！（RapiTV）

かつては、このような話はトンデモ理論の一言で嘲笑《ちょうしょう》とともに黙殺されてきた。

しかし、本書を読み進んでこられたあなたは、ただうなずくしかないはずだ。

『NASAは〝何か〟を……』出版の後も、宇宙に関して驚天動地の事実が、次々に明らかになっている。

たとえば、土星の輪に超巨大な葉巻型UFOが三機も映っている。やはり、NASAが保存する映像であり、フェイクではない。

その大きさは、ナント地球の数十倍。スケールの違いに頭がクラクラしてくる。こんな超巨大UFOを製造する能力を持つエイリアンは、アヌンナキなどとはまったく異なる種族だろう。

「テスラは金星人」FBI

さらに人類の関心の埒外だったお隣りの金星の地表にも不可思議な構造物が観察されている。

それは、なんと六芒星《ろくぼうせい》の巨大図形である。

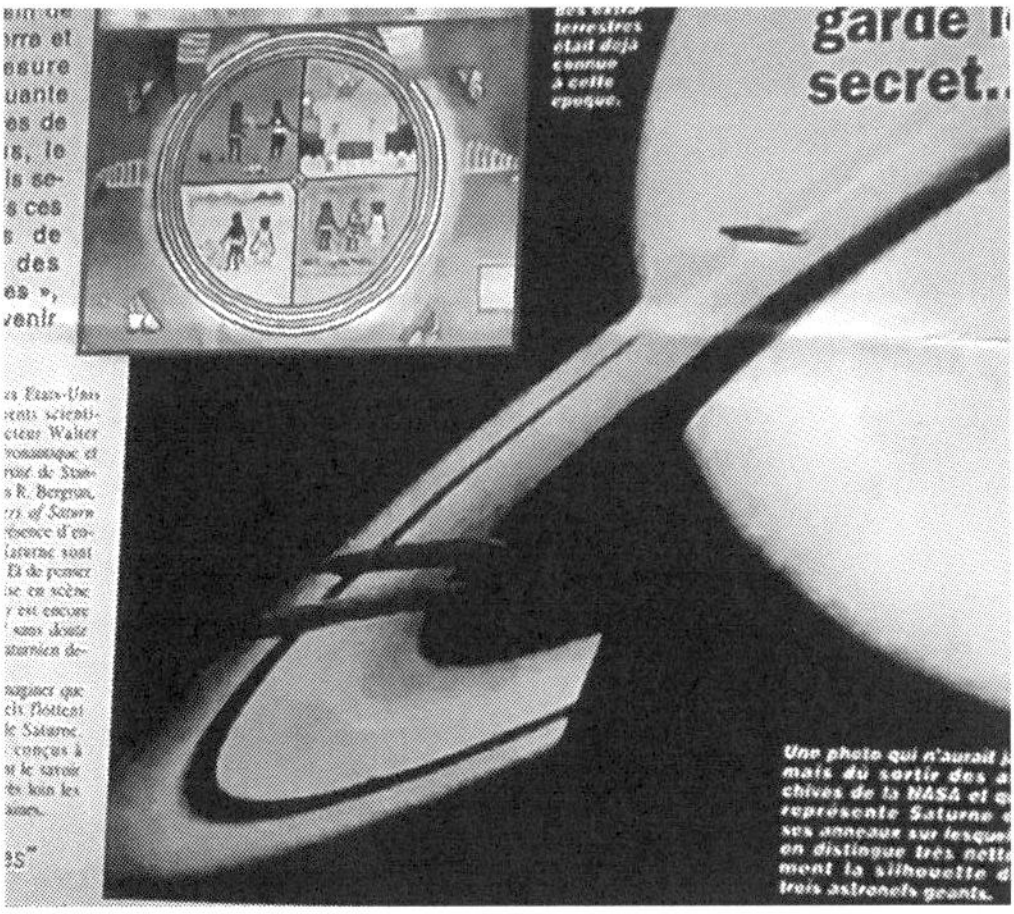

NASA映像に地球の数十倍の巨大UFO3機！

紛れもなく知的生命体による人工物だ。「金星は気温が五〇〇℃超で生命は生存不能」とされてきた〝常識〟も怪しくなる。これもまた太陽高温説と同じではないのか？

やはり、金星も居住可能な惑星なのではないか。すでに、金星人が住んでいる、という〝説〟すらある。彼らの容姿も地球人にそっくりという。

「天才ニコラ・テスラは金星人である」

眼を疑う報告書がある。これは、なんとＦＢＩが作成した公式報告書なのだ。ＦＢＩ捜査官がふざけて作成したとも思えない。

よほどの根拠があったはずだ。

そういえば、天才発明家と称《たた》えられるテスラは、生前にこう独白している。

「……私が自分で発明したものなどない。私の脳は〝受信機〟にすぎない。〝どこか〟から送られてくる情報を受信しているにすぎない」

やはり、テスラは常人ではなかった。

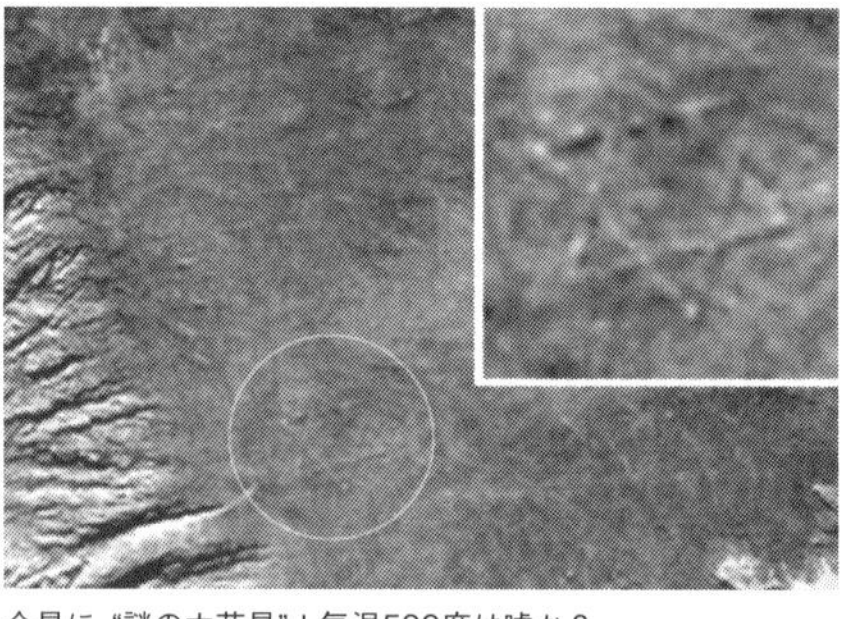

金星に“謎の六芒星”！気温500度は嘘か？

「宇宙人の攻撃で一〇〇人以上戦死」（タッカー）

エイリアンと米軍が戦闘？

タッカー・カールソンは、FOXニュースの元キャスターだ。正義感の塊で、真実を暴露する。その熱血で全米で圧倒的な人気を博していた。

その彼が二〇二三年四月、突如、FOXを解雇された。

「タッカーを黙らせろ！」。DSがFOX株を買い占め、彼を追放したのだ。しかし、タッカーはツイッターに新天地を得た。

そこにはCEOイーロン・マスクが待っていた。彼の再登場に全米が、世界が熱狂した。

なんと、彼の番組の再生回数は一億回を突破……！

いかに世界が真実の情報を渇望しているかがわかる。

そのタッカー・カールソンが、自らの番組でUFO、エイリアンの存在にも触れて大反響を呼んでいる。カメラに向かって

真実を語る熱血キャスター、タッカー・カールソン

語る。

「……どうやらアメリカ政府はだましていたようです。地球外生命体は存在します」

画面は「タッカー・カールソン氏、宇宙人の存在を大暴露！アメリカ政府は隠していた」。そのコメント内容が衝撃的だ。

「……アメリカ軍内部からの情報です。これまで、米軍兵士がエイリアンとの戦闘で一〇〇人以上が戦死したという。しかし、米軍当局がそれを認めない。そのため遺族が裁判を起こしているのです」

タッカーは、画面で両手を広げて驚きの表情。信じられない！　と顔を振る。

「……米軍関係者の内部告発で、エイリアンとＵＦＯの捕獲が行われていたことがわかりました」

米軍兵士の一〇〇人超の死者は、その戦闘で亡くなった、と思われる。

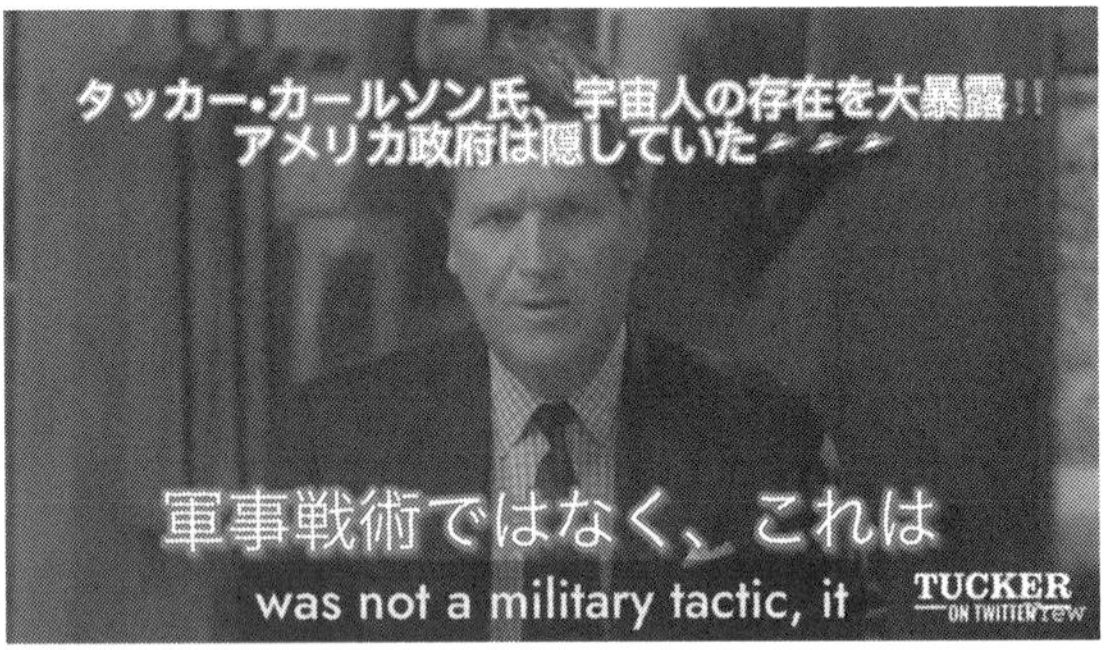

米政府は宇宙人と遭遇し、トランプも面会した

政府は墜落UFOを隠している

タッカー・カールソンの番組は、さらに詳細を明らかにしている。スタンフォード大学医学部の脳外科専門医が、UFOに攻撃され、殺害された兵士について証言しているのだ。

タッカーは、番組（二〇二三年六月二〇日）でこう呼びかけている。

「（SNSから）消される前に、すぐ見てください」

内容はUFOが兵士を攻撃、殺害したという衝撃事実だ。

「……昨日、軍情報部に勤務していた元空軍将校が証言しました。『政府は墜落した非人間製・宇宙船（UFO）の物的証拠を保有している』。この一、二カ月で、物証が判明したのです」（タッカー）

これは、空軍退役軍人デビッド・グラッシュ氏（前出）の証言と思える。

米国防総省は、米国防権限法でUFOファイル提出を要求された。

それで、以下の事実が判明した。

「……一九四五年、二次大戦終わりから、軍はこの事実（墜落UFO）を知っていた。それ以降、UFO目撃例も墜落情報も大幅に増えています。連邦政府は八〇年も追跡してきたのに、嘘をついていたことが判明した」（同）

タッカーの元に電話がかかってきた。

「……電話の主は、そこに立っているレクサーさん。天才でスタンフォード大学医学部の終身教授です。番組に登場し、こう証言したのです」(同)

以下――。レクサー教授の証言。

「……一一年前、政府が私に接触してきた。私が頭部外傷の専門医だったからです。政府はUFOに殺された一〇〇人以上の米兵の家族から、裁判を起こされていた。国防総省は死亡給付金の支払い拒否。だから裁判を起こされた。私が『一〇〇人以上も米兵がUFOに殺害されたのですか?』と訊《き》くと、担当者は『そうです』と答えた。『なぜ、新聞一面記事にならないのですか?』『わかりません』」

レクサー博士の困惑と疑問がよくわかる。

着陸UFOの攻撃で脳破壊

彼は、脳研究者として、裁判証人を依頼されたのだ。

兵士たちが、どのようにUFOに攻撃され、脳の損傷を受けたのか?

詳細を知らなければ、正しい判断も証言もできない。

政府の担当者は、いきさつを博士に説明した。

郵便はがき

料金受取人払郵便

牛込局承認

9026

差出有効期間
2025年8月19
日まで
切手はいりません

162-8790

東京都新宿区矢来町114番地
神楽坂高橋ビル5F

株式会社ビジネス社

愛読者係 行

ご住所 〒

TEL:　　(　　)　　FAX:　　(　　)

フリガナ お名前	年齢	性別 男・

ご職業	メールアドレスまたはFAX メールまたはFAXによる新刊案内をご希望の方は、ご記入下さい。

お買い上げ日・書店名

年　月　日　　市区
町村　　書

ご購読ありがとうございました。今後の出版企画の参考に
致したいと存じますので、ぜひご意見をお聞かせください。

書籍名

お買い求めの動機

1　書店で見て　　2　新聞広告（紙名　　　　　　　　　　）

3　書評・新刊紹介（掲載紙名　　　　　　　　　　　　　）

4　知人・同僚のすすめ　　5　上司、先生のすすめ　　6　その他

本書の装幀（カバー），デザインなどに関するご感想

1　洒落ていた　　2　めだっていた　　3　タイトルがよい

4　まあまあ　　5　よくない　　6　その他(　　　　　　　　　　)

本書の定価についてご意見をお聞かせください

1　高い　　2　安い　　3　手ごろ　　4　その他(　　　　　　　　　　)

本書についてご意見をお聞かせください

どんな出版をご希望ですか（著者、テーマなど）

「……UFOは核エネルギーに引き寄せられる。中西部の核ミサイル基地や、原子力空母、原子力潜水艦などに引き寄せられる。水中も含めUFOは、それらの近辺に飛来する。

そして、多くの場合UFOは軍事基地に着陸してくる。たとえば、七〇年代、西ドイツの軍事基地に巨大な光る物体が着陸した。驚いた軍人たちが『宇宙船』に近づいた瞬間、兵士たちは、脳を破壊され、殺されてしまった」

おそらくUFOは、特殊レーザービームのような兵器を兵隊たちに向けて発射したのだろう。タッカーは、結論づける。

「……それで、レクサー博士は、殺された兵士の脳を研究し『彼らは強力なエネルギーによるダメージを受けていた』『損傷は現実に起きている』と遺族への賠償支払いを命じるよう証言したのです」

世界各地で、UFOからの攻撃で兵士たちが脳を破壊され殺されている。

アメリカだけで殺害された兵士は一〇〇人を超える。

なぜ、これがトップ・ニュースにならないのか?

トランプ元大統領は宇宙人と会談している

宇宙司令官とツーショット

「……トランプ元大統領は、すでに宇宙人と会談を行っています」

二〇二三年六月八日タッカーは驚愕コメントを発した。

衝撃暴露は続く。

「……トランプ元大統領は、すでに宇宙人との会議を行っています」「一気にエイリアン情報開示に向かうでしょう」「さらに、プーチン大統領も宇宙人と握手をしています」（タッカー）

まさか……と、耳を疑う。しかし、トランプと〝宇宙人〟らしき人物とのツーショット写真も公開されている。

これらの情報源は米軍関係者による内部告発という。

この〝歴史的会談〟が行われたのは二〇二三年四月一六日。イギリスのキャメロットで開催された。そこにはトランプ元大

トランプは宇宙人と会見（2023年4月16日）

統領を守る巨人宇宙軍、さらに宇宙軍の守護者ヴァリアントトール司令官などが列席した。

さらに、大統領専用機エアホースワンを守るUFOの映像なども公開されている。

この宇宙人ヴァリアントトール司令官は身長が三mもの巨人。その漏洩《ろうえい》映像には驚かされる。

ヒト型エイリアンは存在する

ここまで読んでも眼を疑う人がほとんどだろう。

トランプとエイリアン司令官とのツーショットなど、まるでSF映画だ。

銀色の肩までの長髪。体にぴったりのスーツ。見た目は、そのまま白人だ。北欧系の顔立ちをしている。まるで、人間じゃないか。これはフェイク映像だね。わたしも最初そう思った。

しかし、第2章のUFOアブダクションの体験例を見てほしい。

宇宙人との遭遇例でもわかるように、エイリアンにもヒト型宇宙人が存在する。

いわゆるノルディック型宇宙人だ。

『NASAは〝何か〟を隠してる』（前出）で「人類を創造したのはエイリアン」とのべた。

根拠の一つが旧約聖書の創世記だ。

「神は、自らに似せてアダムを創った」

これはシュメール文明のアヌンナキ伝説と通じる。つまり、エイリアンは、もともとヒト型なのだ。創世記の記述は——神（アヌンナキ）が地球上の類人猿の遺伝子を操作して、自らに似せて人類（ホモサピエンス）を創造した、と考えられる。

トランプ元大統領がエイリアンと会談⁉

それは、驚くことはない。歴代のアメリカ大統領が宇宙人と面会していた、という情報、証言は多い。各国の軍関係者にとって、UFOやエイリアンとの接近、遭遇はもはや常識なのだ。

ただ、これら情報が一般に公開されていないだけだ。

それは、タッカー・カールソンの告発でも、はっきりしている。

タッカーは明言している。

「真実を語れるメディアは、ツイッターのみだ」

そのトランプは、最新ライブ映像で世界に衝撃《しょうげき》を与えた。

「……UFO（プロジェクト・ブルー・ビーム）の背後にいる人物を明らかにした。あなたには想像もつかないだろう」（BREAKING NEWS」より）

トランプが最新ライブ映像で衝撃暴露！

第5章

「知の大崩壊」の後に開ける量子論、宇宙論、未来論

──すべてをリセットし、幼子のまなざしで受け入れる

なぜ聞く耳を持たないのか? 〝洗脳〟のメカニズム

脳はハイジャックされた

いま、「知の大崩壊」が始まっている。

それは、近代から現代へ、約二世紀にわたる〝洗脳〟の崩壊でもある。

それは、悪魔勢力が仕掛けた巧妙なマインド・コントロールであった。

それは、あまりに狡猾《こうかつ》であったためほとんどの人々は気づかなかった。

〝洗脳〟は恐ろしい。それは、脳を奪われることだ。ハイジャックされることだ。

そして、本人は、まったく気づかない。そして、日々を安心して暮らしている。

〝洗脳〟の要諦《ようてい》は、この〝安心感〟にある。〝洗脳〟された当人は、心乱されることなく、心安らかに生きている。これこそ、脳をハイジャックした悪魔勢力の狙いなのだ。

脳を奪われたことに気づかず、〝平和〟に暮らしている人々に、真実《ほんとう》のことを伝える。

すると、例外なく、激しく反発する。

「ウソだッ！」と叫ぶ。「いい加減なことを言うな！」と食ってかかってくる。

これは、生理的反応だから、大なり小なり起こる。これを心理学で「防衛規制」と呼ぶ。

人は、みずからが信じる事柄を否定されると、反射的に反発する。それは、まさに心理的というより生理的反射である。時には相手を攻撃する。なぜなら、ムカついたからだ。

なぜムカついたのか？　自分の信じる情報と異なる〝情報〟をインプットされたため、脳が〝混乱〟に陥ったからだ。認識が混乱する。すると生理も混乱する。

言い換えると不快ホルモン、コルチゾールが分泌される。これは、弱い毒性がある。だからイライラし不機嫌になるのだ。

さらに、怒りホルモン、アドレナリンも分泌される。これには強い毒性がある。

それは、毒蛇の三、四倍といわれる猛毒だ。そんな猛毒が副腎《ふくじん》から放出され全身を駆け巡る。

ムカムカして気分が悪くなる。当然だ。これがムカつく原因となる。

このように、信念と異なった情報に接すると、人間は反射的にイラつき、ムカつく。

脳をリセットし新たなソフトをインストール

心を静め冷静に受け止める

この現象を、なぜ「防衛規制」呼ぶのか?

それは、文字通り「みずからを守ろうとする」生理的メカニズムなのだ。

コンピュータに例えると、わかりやすい。われわれは日常をふつうに暮らしている。

それは、常識にしたがって生きているからだ。この〝常識〟とは、脳というコンピュータにインストールされた〝ソフト〟だ。しかし、その〝常識〟と異なる情報がインプットされると、ソフトは処理できなくなる。つまりは、脳というコンピュータは、その情報を〝バグ〟として認識、処理しようとする。そこから発生するノイズが、脳というバイオ・コンピュータを狂わせるからだ。だから、コンピュータ処理の混乱を速やかに排除し、回復するため、〝バグ〟を無効処理する。つまりは〝バグ〟情報を全否定して消去するのだ。

この〝否定〟〝消去〟の行程が、情報提供者への反発、攻撃となって現れる、というわけである。この生理反射は、偽コロナパンデミックのワクチン騒動で、全国的にみられた。

「……ワクチンを打ったら殺される」

必死で訴える人に返ってくる答えは「デタラメ言うな！」「陰謀論だ！」。こうして、長年の友情が決裂したり、家庭断絶、さらにはワクチン離婚という悲劇も多発している。

「なぜ、聞く耳を持たないのか？」「なぜ、感情的に反発してくるのか？」

それは、みずからの生理と生存を守ろうとする「防衛規制」メカニズムが働いているからだ。

この真実を深く理解し、心を静めて、現実を冷静に見つめ、受け止めてほしい。

心を白紙に戻し未来に備える

なぜ、深く呼吸をして、心を静めなければならないのか？

それは、ワクチンどころではない脳内の大崩壊が始まっているからだ。

われわれが、当たり前の〝真実〟と思っていたことが、大音響を立てて瓦解《がかい》し始めた。

〝常識〟の崩壊……それは、われわれの〝平和〟な日常を支えてきたソフトの崩壊なのだ。

脳コンピュータは、いやでもパニックに陥る。すると、体もパニックとなる。

頭が痛くなる。胃がムカつく。おなかがグルグルいってきた。これらは、神経性の頭痛、胃炎といわれる症状だ。まさに心理パニックは、肉体パニックをもたらす。

これを回避するには、脳コンピュータをリセットするしかない。

旧ソフトが入っているコンピュータに、新しいソフトをインストールすることはできない。

一度、消去（デリート）して新しいソフトを入れる。

すると、コンピュータは何事もなかったかのように、スムーズに動き始める。

人類の知（常識）の大崩壊が始まった今、あなたの脳コンピュータにも、このインストール作業が必要だ。よく、古来から「心を白紙に戻す」という。それが、このリセット作業なのだ。

つまりは、心を白紙に戻し、新しい未来の情報に備える。

これが、みずからの〝洗脳〟を解く唯一の方法なのです。

あらゆる学問は、音を立てて大崩壊していく

悪魔的〝洗脳〟の終焉《しゅうえん》

前置きが、長くなった。

では、人類を襲っている「知の大崩壊」とは、どういうことなのか?

これまで述べたように近代から現代にかけて、人類は巧みに〝洗脳〟されてきた。

その事実が露見してきたのだ。拙著『世界をだました5人の学者』（前出）は、その一端を

明らかにしたものだ。続く『NASAは〝何か〟を隠してる』（ビジネス社）は、宇宙論の虚妄を暴いた。『波動医学』シリーズや『医療大崩壊』（共栄書房）などは、医学や生理学の〝洗脳〟を徹底的に暴いた。

かんたんに言ってしまえば、経済学、歴史学、医学、生理学、物理学、天文学から宗教学、哲学、美学などの人文科学に至るまで、ことごとく悪魔勢力によって、人類は〝洗脳〟されてきた。だからこそ、わたしはそれを「知の大崩壊」と呼ぶのだ。

これら悪魔的〝洗脳〟を巧妙に企《たくら》み、仕掛けてきた勢力が存在する。

本書では〝闇の勢力〟と呼んでいるが、その正体も明らかにしている。

それが、(1) イルミナティ、(2) フリーメイソン、(3) ディープ・ステートの三層構造による悪魔的権力だ。

新たな羅針盤、量子力学

これら悪魔支配から脱却するには、まさに知のリセットしかない。

わかりやすくいえば、ガラガラポン……。すべてをシャッフルして、更地《さらち》に戻す。

そういう意味で、もはや既成の教育など何の意味も持ちえない。

これからの未来は、東大教授も保育園児も、同じスタートラインに立つのだ。

こう考えれば、「知の大崩壊」は、人類を支配してきた旧体制（アンシャン・レジーム）の大崩壊に他ならない。なんと壮快なことか！　なんと痛快なことか！

さて――。この大崩壊の荒地に立ち、われわれは未来を目指さなければならない。

そこで、進むべき道筋を示してくれる羅針盤が必要となる。それが、量子力学である。

その量子論は、新たな生理学を導く。それは、波動生理学である。

それに続く、新たな医学は、いうまでもなく波動医学である。

量子論は、既成の宗教観も根底からくつがえす。『ＮＡＳＡは〝何か〟を隠してる』（前出）でも触れたが、『旧約聖書』創世記で登場する〝神〟とはエイリアンである。

この時点でユダヤ教徒は絶句し、キリスト教徒は卒倒する。イスラム教徒も然《しか》り。

彼らが一神教で信じてきたヤハウェーや、ゴッドや、アッラーが、宇宙人だった……。

驚嘆、驚愕、頭をかきむしりたくなるだろう。

時空の旅タイムマシンも可能に

量子力学は、ニュートリノなどの量子が光速を超えることを証明している。

だから、アインシュタイン相対性理論の信者などもひっくり返る。世界をだました、他の悪人、マルクス（経済学）、フロイト（心理学）、ウィルヒョウ（医学）、フォイト（栄養学）の忠実な信徒たちも、揃《そろ》ってひっくり返り後頭部をしたたかに打つだろう。

量子力学は天文学も、根底から変える。

「量子もつれ」現象の発見は、〝情報〟の時空を超えた瞬時の移動を説明する。

これが量子テレポーテーションだ。

「すべての存在は波動であり、物質は存在しない」(マックス・プランク)

つまり、すべての〝物質〟は〝波動〟すなわち〝情報〟なのだ。

だから〝情報〟が瞬時でテレポーテーションする。なら、〝物質〟のテレポーテーションも可能だ。量子力学では〝情報〟は瞬時に空間を超える、という。

「量子もつれ」は、一m離れていても、一億光年離れていても、瞬時に起きる。

この時点において、空間や距離の概念すら崩壊している。それどころかテレポーテーションは、時間をすら超える。なら、時空の旅――タイムマシンですら可能となる。

〝ワープ航法〟で瞬間移動

旧来の科学者たちは例外なく宇宙人やUFOの話題を、鼻で笑っていた。

「オカルトですね」「都市伝説でしょう」「たんなるオタク馬鹿」……など。

それも無理はない。太陽からもっとも近い恒星(プロキシマ・ケンタウリ)ですら約四・二光年も離れている。その恒星に宇宙人の棲む惑星が存在したとしても、光の速度でも四年以上もかかる。

だから、地球外生命体が地球にやって来ることなど、物理的、科学的に絶対に不可能だ。

だから、エイリアンやUFOなどの目撃例なども、すべて、でっちあげか錯覚にすぎない。

「本気で取り組むほうが頭がおかしい」

だから、UFOや宇宙人について発言する研究者は、例外なく、嘲笑にさらされた。

そして、マッド・サイエンティストのレッテルを貼られて学界から追放されたのだ。

しかし、最新科学の量子力学は、テレポーテーション現象を証明した。

〝情報〟は一瞬に時空を超える……！　なら、〝物質〟も時空を超える……！

つまり、地球外生命体エイリアンたちは、このテレポーテーションを用いて〝瞬間移動〟で数億光年であろうと楽々と瞬時に銀河の彼方《かなた》から、地球にやってきている。

これは、いわゆる〝ワープ航法〟である。

SF映画の夢物語と思われてきたことが、現実になろうとしているのだ。

量子力学で「生命」神秘の謎を解く

量子生物学という新たな世界

生理学者、医学者、科学者なども同じだ。生命現象について「気」の存在を語ろうものなら、それだけで「頭がおかしい！」と学界追放はまちがいない。

だから、目覚めた科学者も、ぜったい〝神〟などと口にしない。

口にした瞬間に〝似非《えせ》学者〟のレッテルを貼られて追放されるからだ。だから、彼らは、それを〝サムシング・グレート〟（偉大なる何か）と、言葉を濁して表現している。

しかし、言葉をごまかす必要もこれからは、なさそうだ。

そもそも「神」とは「宇宙」そのものである。

「神」の「恩寵《おんちょう》」とは「宇宙の法」そのものである。これは、仏教でいう「仏法」に当たる。

手元に『量子力学で生命の謎を解く』（ジム・アル＝カリーリ他著、水谷淳訳、SBクリエイティブ）がある。

「――量子力学を使って生命現象の謎を解き明かす『量子生物学』は、現在、急速なスピードで発達し、大きな盛り上がりを見せています。量子生物学によって、これまでとけなかった

様々な謎が解明されてきています」（同書）

本書では、「生命とは何か？」と、問いかけている。

どこかで、聞いた問いだと気づくはずだ。

これは、約二世紀も昔に、時の医学界で展開された論争そのものだ。

それは、まさに「生気論」VS.「機械論」の真っ向対立となった（102ページ参照）。

このときは、「機械論」者の急先鋒であった〝死神〟ドクター、ウィルヒョウの禁じ手により、「生気論」者たちは発言を封じられてしまった。悪魔たちの医学史においては、このとき「機械論」が勝利し、「生気論」が敗れた……ということになっている。

しかし本書（前出）の著者は、あえてこの「生命とは何か？」という命題を投げかけている。

改めて「生気論」とは何か？　復習すると「生命とは科学では説明のつかない不可思議な〝生気〟によってつかさどられている」という。

〝生気〟は〝霊気〟とも呼ばれる。それは、〝霊魂〟にも通じる。

つまりは、肉体という物体とは異なる〝何か〟なのだ。

「機械論」者ウィルヒョウたちは、これら未知なる存在を「迷信」の一言で切って捨てた。

以来、世界の医学者は、教祖である〝死神〟ドクターと同じ考えなのだ。

〝魂の重さ〟は、約二一g!?

しかし、『量子力学で生命の謎を解く』の著者は、衝撃的事実を突き付ける。

「……一般的に、魂は不滅だと考えられていたが、ではなぜ生命は死ぬのか？　この疑問に対して、ほとんどの文化が、ひねり出した答えが、『死は肉体から魂が離れることで起きる』というものだった。一九〇七年と、かなり最近になって、アメリカ人医師のダンカン・マクドゥーガルが、死が迫った患者の死ぬ直前と直後の体重を量ることで、〝魂の重さ〟を測定できる、と主張した。そして、実験を行い、〝魂の重さ〟は、約二一グラムだと確信した」（同書）

奇妙なことを研究する学者もいたものだ。

この本の著者は、「意識」についても考察する。

「……『意識』という項を含んだ信頼できる方程式が発見されたことは、これまで一度もない。『意識』はすべての生命が持っている性質なのだろうか？　ほとんどの人は、そんなことはなくて、神経系を持っている生物に限られると考えるだろう。では『意識』を持つには、どの程度の神経系が必要なのだろうか？」（同書）

「心」とは何か？　謎を解き明かす「量子脳理論」

〝それ〟がわかれば「宇宙」がわかる

量子力学と脳神経との関連を研究するのが「量子脳理論」だ。

「……量子脳理論は、脳のマクロスケールでの振舞い、または意識の問題に、系（システム）の持つ量子力学的な性質が深く関わっているとする考え方の総称。心または意識に関する量子力学的アプローチ、クオンタム・マインド、量子意識などとも言われる。具体的な理論には、いくつかの流派が存在する」（『ウィキペディア』）

このように量子力学的にも、明確な「意識」の定義は、いまだない。

しかし、「『意識』とは何か？　を探ると、未来に影響を与える方法が見えてくる」。（前出）

〝それ〟がわかれば宇宙がわかる。こう言っても過言ではない。

なぜなら、われわれは「心」で宇宙の存在を「意識」している。

だから「心」がなければ宇宙は存在しないに等しい。それは、まさに「無」である。

だから「心」がわかれば「宇宙」がわかる……とすら、いえるのだ。

このように考えていると、頭がクラクラしてくる。昔から哲学者や科学者たちは、この「意識」と「存在」について、一生、考え続けたのだ。まさに凡人には、ついていけない世界だ。落語に出てくる八ッつあんや熊さんなら「そんな雲をつかむような話をするんじゃやねぇ！」「こちとら忙しいんだい」と突き飛ばされそうだ。

現代文明は量子論で成り立つ

落語の落ちは笑いである。しかし、科学の落ちはそれではすまない。考えてみたら、科学者という商売も因果なものである。噺家《はなしか》からも笑われる始末だ。

「意識」とは何か？　その考察にも量子力学が登場する。

今や、あらゆる科学は量子論を抜きには、一歩も進まない。それどころか、これからの先進産業も量子論抜きには成立しないのだ。量子コンピュータなど、その典型だ。

それだけではない。

「……量子力学によって知識が発展しなかったら、レーザーは存在しなかっただろうし、ゆえにCDもDVDもブルーレイディスクもなかっただろう。量子力学がなかったら、スマホもGPSもMRIもなかっただろう。概算によれば、先進国の国内総生産の三分の一以上は、量子世界の力学の知識がなければ存在しなかったはずの応用技術に依存している」（『量子力学で生命の謎を解く』前出）

つまり、量子論の知験がなければ、われわれが既に享受している現代文明の恵みは存在しない。しかし、既に述べたように近代から地球を支配してきた悪魔勢力は、それを巧妙に隠蔽してきた。量子論の恵みを巧みに覆い隠す毛布が存在したのだ。

それがアインシュタインの相対性理論という〝ボロ毛布〟だ。

こうして、悪魔たちは量子論の豊穣《ほうじょう》な恵みを独占してきたのだ。

なぜなら、「知」の独占は、「富」の独占につながるからだ。

しかし——。二〇二二年、ノーベル物理学賞が三人の量子論学者に授与された。

この事実でわかるように、ようやく目隠しの〝ボロ毛布〟は取り除かれた。

〝やつら〟は、もはや隠しきれなくなったのだ。

UFO、エイリアン、量子論

量子論を隠しきれなくなった。同様に、〝やつら〟はUFOの存在も認めた。

さらに、エイリアンの存在も認めたに等しい。端的に言ってしまえば、宇宙人はすでに量子論の神髄《しんずい》を熟知している。反重力で飛行するUFOそのものが、それを証明している。

さらに、はるかに銀河から飛来する〝彼ら〟は、量子テレポーテーション技術で瞬間移動していることも、まぎれもない。それどころか同様の原理で空間どころか時間も軽々と超えている。

量子テレポーテーションの原理は、タイムマシンすら可能にするのはまちがいない。『量子力学で生命の謎を解く』の著者ジム・アル＝カリーリらも断言する。

「……われわれの生きているうちに到来する量子が開く未来では、レーザー駆動の核融合によってほぼ無尽蔵に電流が得られ、人工分子マシンによって工学や生化学や医学の分野で、さまざまなことが可能になる。量子コンピュータによって人工知能（ＡＩ）が実現し、テレポーテーションというＳＦのような技術が情報伝達に日常的に使われているかもしれない。世界の量子力学は、二一世紀になってさらに勢いを増し、われわれの生活を想像もできないような形に変えるだろう」

「意識」の正体は「量子波」である

時空を旅する男〝トビサワ〟

――「意識」とは、何か？

「……それは『量子波』ですよ」

アッサリ答えを教えてくれた。飛沢誠一氏。わたしの親しい友人の一人だ。

いつも人なつっこい笑顔を絶やさない。彼の別名は〝時空を旅する男〟。一九五七年生まれ。東京農工大学・大学院工学研究科を修了した科学者である。小西六写真工業（現・コニカミノルタ）に入社。三一年間にわたり技術開発に従事している。早く言えば根からの理科系。エンジニアとして工場長をまかされるほど活躍した。彼はある日、身の回りに〝変な奴〟がいることに気づいた。

「……『なんだ？ こいつら』と思ってたら、そいつらは〝霊〟だったんだね」と笑う。

ひょんなことで、〝霊〟が見えるようになった……！

これは、科学者として生きてきた飛沢氏にしても、驚きの異常体験だった。

つまり、ある日、突然〝霊感〟に、目覚めてしまったのだ。

しかし、これでは普通の日常生活は、なかなか送れない。彼は3・11東日本大震災の被災地を訪ねたときの様子を辛そうに語る。

「……そこらじゅうが、〝霊〟だらけなんです。まさに自分がなぜ死んだかわからずさまよってるんです」

〝霊〟が見えるだけではない。彼の意識は、ときに遥かに過去や未来へ瞬時に飛ぶこともできるようになった。あるとき未来社会の様子を話してくれた。

「……お椀みたいなクルマが走ってるんですよ。どっちが前か後ろかわからない」

これは、まさに自動運転EVだろう。わたしも彼の話で未来都市の光景が目に浮かび、ワクワクしたものだ。さらに「首都圏直下地震が襲った近未来にも行ってきた」という。「……横浜辺りの住宅街でした。ものすごく激しい揺れが襲ったのに、その直後、不思議にシーンとしている。それから、こんなに人がいたの？　とビックリするくらい人々が家から出てきて、アッという間に道路は人で埋め尽くされ、身動きできなくなった。だから、ある人たちは、家の壁を壊して隣の敷地に入り、さらに壁を壊して進み始めた。ボクは人波に押され押されて、ドンドン自分の意志とは無関係に移動していく。そして、大きな地割れが迫ってきた。『押すなぁ、墜ちるぞぉ！』と叫んでも押されていく。そして、崖から奈落《ならく》の底に絶叫しながら墜落……」という恐怖の瞬間で、意識は戻った。気づけば、現在の自分。「いや、酷かった……。もう二度と行きたくない」。耳を傾けるわたしも、その場に居合わせたかのような恐怖を味わった。

この世を決定！　量子テレポーテーション

近代の崩壊が始まった！

こんな超能力者となった彼も、会社にエンジニアとしてはいづらくなったようだ。

「……『飛沢は、狂った』と言われましたよ」と、おかしそうに苦笑する。

そこで、彼は開き直って、〝霊〟や〝超能力〟の探求に打ち込む。退社し、二〇一二年、独自の高次元レイキ気功法を確立し、誠尚堂㈱を設立。宇宙エネルギーによる癒《いや》し、カウンセリングなどを第二の人生としてスタートさせた。著書に『これからのビジネスエリートは「見えない力」を味方にする』（東洋経済新報社）など。じつはわたしも彼と共著『未来をつかめ！　量子テレポーテーションの世界』（ヒカルランド）を出している。

未来をつかめ！
量子テレポーテーションの世界
The World of Quantum Teleportation
船瀬俊介
飛沢誠一
近代の崩壊が始まった！
「幽体離脱」「超能力」……すべての謎が解けた

この本で彼は「未来をつかめ！」と訴えている。「――近代の崩壊が始まった！　医療も、物理学も、経済学も、全ての価値が崩壊し、全てがひっくり返った！　そこに生まれくるものこそ、量子テレポーテーションである」（同書）

本書は、ズバリ、量子テレポーテーション抜きには、社会も経済も科学も成り立たない、ことを明かしている。

●量子は「波動エネルギー体」

「……量子テレポーテーションは、至るところで起こっている。この世の全ての生命と存在を決定づけるものは『波動エネルギー』であり『周波数』だ。人間の体も『波動』で構成されている。量子の実態も『波動エネルギー体』なのだ。前世を記憶する子どもたちも、『波動』で記憶が伝えられる。水が情報を『記憶』するのも『波動』による」（同書）

では――標題ともなった量子テレポーテーションとは、いったいどんな現象なのか？

「量子と量子は、時間と空間を超えて、一瞬にしてコミュニケーションする」（同）

これこそが「量子もつれ」（ヒモ理論）だ。（154ページ等参照）

対の量子は、一m離れていても、一億光年離れていても、一瞬で〝反応〟する。

つまり「光速より速い存在はない」としたアインシュタイン相対性理論は一瞬で崩壊した。

テレポーテーション現象は、旧来のすべての科学、哲学さらには宗教すらも打ち砕く。

それは、時空概念すら粉砕するのだ。

すべての「知」は無に帰し、更地となる。なんと、すがすがしい広野だろう！

「意識」は「量子波」で未来も変える

一秒に一万個の「量子波」

さて――。最初の「意識」とは何か？　の命題に戻る。

「それは、『量子波』ですよ」飛沢氏はアッサリ言った。

「……全ての存在が『量子波』を出している。なかでも人間の〝思い〟がすごく出している」（飛沢氏）

なにしろ、測定すると人間の体から常時、一秒間に一万個もの「量子波」（ニュートリノ）が出ている、という。「そして、それは人間の『意識』によって動くのです」。

だから、「心」「意識」「思考」なども「量子波」の一種と定義づけられる。

そして「意識」（量子波）が、他の量子の振る舞いに影響を与える、という。

彼は、それを目の当たりにしている。

「……ぼくは一九八二年にシリコンバレーにいて、ＩＢＭ研究所のすぐそばに住んでいました。そこではリニアアクセラレーターという素粒子をぶっつけてクォークを測定する研究をしていました。そのころ『人間の〝意志〟で、素粒子の位置が変わってしまう』という科学記事を読

みました」（飛沢氏）

「思い」通り動く〝引き寄せ〟！

つまり――人間の「意識」が、素粒子（量子）現象に影響を与える！

「……スタンフォード大学とＩＢＭの共同研究なんですが、実験する前に、今回の実験は、どういう目的で何を探すのか、いっさい言ってはいけないんです。なぜなら、人間の『意識』で、そのとおりになってしまうから！　たとえば『今日は、パイ中間子を見つけるぞ』と言うと、〝それ〟が出てきてしまうらしい。位置もだいたいこの辺というところに現れる。だから、人間の『思った』とおりに量子波は動くということです」（飛沢氏）

まさに、これこそ量子力学でいう〝引き寄せ〟効果だ。

古来から「念ずれば通ず」と言われる。この諺《ことわざ》は正しい。

「念」とは「今」の「心」と書く。つまりは「今」の「量子波」なのだ。

言い換えると、現在、あなたが発しているニュートリノの量子波動エネルギーと考えればわかりやすい。つまりは「心」とは「量子波」の波動なのだ。

それは、強弱、うねり、周波数などで千変万化する。

「波動」は同じ周波数の「波動」と出会うと「共鳴」する。この「共鳴現象」（コヒアレンス）

が起きると、その波動エネルギーは何十倍、何百倍にも共振増幅される。

そこに発生するのは〝宇宙エネルギー〟そのものだ。

だから「波動」は同じ周波数の「波動」を求める。これは、「波動」の〝本能〟なのだ。

「念ずれば叶う」「思考は現実化」

量子力学による不可思議な「引き寄せ」効果も、この「共鳴現象」のなせる業《わざ》なのだ。

よく「以心伝心」という。「似た心は、口に出さなくても相手に伝わる」という意味だ。

まさに、「意識」（量子波）の「共鳴」現象だ。「類は友を呼ぶ」「蛇《じゃ》の道は蛇《へび》」「朱に交われば赤くなる」……これら、古来の諺は、すべて量子力学的には、「量子波共鳴」現象を言い表している。つまりは、「引き寄せ」効果である。

『シークレット（秘密）』というタイトルの動画が、一部話題を呼んでいる。

それは、まさにこの「引き寄せ」効果を解説するドキュメンタリー映画だ。

タイトルの由来は「古来からの成功の〝秘密〟」を解明しているからだ。

「成功の〝秘密〟」とはいったい何か？　それこそが「引き寄せ」効果なのだ。

それは、あっけないほどかんたんだ。「自分は成功している」と〝思う〟だけでよい。

それは、東洋の教え「念ずれば叶う」の真理そのものだ。

ここまで読むと作家ナポレオン・ヒルの「成功哲学」を想起する人もいるだろう。

彼のベストセラー『思考は現実化する』は、まさに、この「引き寄せ」現象そのものだ。

「良く」思えば「良く」なる

具体的には「願う自分自身の姿を想像する」だけでよい。

お金持ちになりたかったら、裕福な自分を想像すればよい。美人にもてたかったらそんな幸福な姿を思い描く。すると、お金が不思議に入ってくる。美女がほほ笑みかけてくる。

ここまで読んで「思うだけでそんなにうまくいくかよ！」と、怒る人もいるだろう。

そんな人は「世の中、思い通りにいかない」という意識（量子波）をいつも出している。

つまり、「失敗」の波動を出し続けている。

すると将来の失敗の波動と「共鳴」し、失敗現象のエネルギーが増幅拡大する。

つまり「失敗」すると思っている人は、「失敗」の未来を「引き寄せる」のだ。

だから、わかりやすくいえば――。

「嫌」なことを思うと「嫌」なことが起こる。

「良い」ことを思うと「良い」ことが起こる。

これは「笑う門《かど》には福来《きた》る」に通じる。逆に「怒る門には鬼来る」。

だから「楽しい」ことを常に思っていると、いつも「楽しさ」に満たされた人生を送ることができる。「苦しい」ことばかり思っていると、「苦しさ」だけの人生となってしまう。

「意識」は「空中浮遊」も可能にする

言葉も「量子波」エネルギー

「……恐ろしいのは、『言葉』からも『量子波』が出ている。いい言葉を使っているか『死ね、バカヤロウ！』とか悪い言葉を言っていると『量子波』が出ているんです。考えも『量子波』が出ています。言葉にしなくても出ている」（飛沢氏）

飛沢さんのカウンセリングを受けにくる人の中には、末期ガンの方も結構多いという。

「……この方々を診ると、『言葉』と『考え』の悪い方がいますね」（飛沢氏）

その悪い「量子波」が、みずからの肉体を攻撃しているのだ。

「……最新の精密装置で、いろいろ測定した結果、実は『量子波』をいちばん出しているのは『人間』だということがわかってきた。だから『人間』の意志が、すごく影響がある。『意志』『思い』『考え』は、強大なエネルギーを持っている。空中浮遊できるヒマラヤ聖者もいるんです」（飛沢氏）

つまり、「浮遊する」という聖者の「意志」は、重力をも超越して働くのだ。

ヨガ行者で、やはり空中浮遊する人はいる。

日本では成瀬雅春氏の『空中浮遊』（出帆新社）は必読だ。

実に軽々と気持ちよさそうに空中に浮いている。

ちなみに空中浮遊の原理は次のようなものだろう。

「空間」は『磁場』『電場』『重力場』で拮抗《きっこう》している。

メルセデス・ベンツのマークと同じ。ヨガ行者は訓練で自らの「磁場」「電場」を無にできる。すると残る「重力場」が働いて体が浮き上がる。まさに、反重力！

UFOも同じ原理で飛んでいるのだろう。


「否定」「敵意」「怨念《おんねん》」……

「……ところが、（「ありえない！」という）マイナスの思考を持っている人が、そばにいると（空中浮遊）できなくなるそうです」（飛沢氏）

「UFOの反重力飛行」と同じ原理？

修行すれば「空中浮遊」は可能だ

つまり、その人から「できない」というマイナス波動が出て、無意識に阻害するのだ。

飛沢氏は、空中浮遊するヒマラヤの聖者にたずねて確信した。

「……一人だけでもダメなのだそうです。『浮くわけないよ』と思っている人がいると浮かない。だから、『インチキだろう』と言われてしまうけど、本人に聞いても、なぜかわからないので証明できない、という」（飛沢氏）

つまり否定的「意識」は、量子波ノイズとなって、他者の「意識」を阻害するのだ。

「否定」「敵意」「怨念」……なども、量子波動だ。典型的なものに、古来から伝わる丑《うし》の刻《こく》参りがある。夜中に、藁《わら》人形を呪い殺そうとする相手に見立て、胸に五寸釘《くぎ》を打ち込む。

まさに、ホラー映画の世界。これも、飛沢氏に言わせると〝効果〟があるという。

しかし、昔から「人を呪わば穴（墓穴）二つ」という戒めもある。

「呪い」の波動は反射して自分に戻ってくるのだ。

「好意」と真逆の「敵意」も「量子波」なので、やはりテレポーテーションする。

「癒《いや》しの波動」も地球の裏側まで瞬時に到達する。「気功」療法は、「気エネルギー」（量子波）で、心身の不調、病気を癒し、治す。もはや、西洋医学者ですら、その存在と効果を認めざるをえない。「遠隔気功」の原理は、これまで謎とされていたがテレポーテーション現象の発見で、メカニズムは実証された。さまざまな超能力の奇跡も量子力学が見事に解明したのだ。

ユング「集団的無意識」は「量子波」である

動物の群れの躍動する動き

心理学者ユングの最大の業績は、「集団的無意識」を発見したことだ。

それは「集合的無意識」とも呼ばれる。「グスタフ・ユングが提唱した分析心理学における中心概念であり、人間の無意識の深層に存在する、個人の経験を越えた先天的な構造領域である。普遍的無意識とも呼ぶ」（『ウィキペディア』）

しかし、ユングはこの〝不可思議〟な「無意識」の存在に気づきながらも、その正体について解き明かすことはできなかった。

それは、まさに二〇世紀から二一世紀にかけて、量子力学の発展に待つしかなかった。量子論は――**「意識」は「量子波」である**――という結論に達した。

それは、具体的にはニュートリノやクォークなどの「量子波」のエネルギーであり形態なのだ。

ユングの集団的無意識は“量子波エネルギー”

「集団的無意識」という呼名は、ある特定の「集団」が共通の「意識」を持つからだ。

これは、動物生理学者の方が理解が早いはずだ。

彼らは、動物の群れを観察していると不可思議な現象に遭遇する。

たとえば、おびただしい野鳥の群れは、まるで一つの〝意識〟を持っているかのような動きを見せる。それは、遠目には雲のように見える。

その〝雲〟は、まさに意志を持つ生き物のようにうねり、波打ち、上昇し、下降する。

海洋でも同様の動きが観察される。

小魚のイワシの群れが、まさに同様の動きを見せる。マグロなど捕食者に追われた群れは、難を逃れるために、まるで一個の生命体のように海中をうねり、自在に躍動する。

赤トンボ、なぜぶつからない？

九州の田舎で育ったわたしは、幼年期に一面、夕日のレンゲ畑で見上げた光景をありありと憶《おぼ》えている。夕空には、まるで茜雲《あかねぐも》のように何万という赤トンボが群れをなして飛んでいた。

それは、まるで〝意志〟を持っているかのように、一瞬で右、左にと進行方向を変えるのだ。

「どうして、ぶっつからないんだろう？」。

まだ、五、六歳くらいだったわたしは不思議でしょうがなかった。この思い出は『日本病経済の真相！』（ビジネス社）にも書いた。

その見出しは「赤トンボは、なぜ、ぶつからない？」。

既存の動物学者たちは、この群れの奇跡ともいえる「集団行動」をこう解釈した。

「……群れにはリーダーがいて、その動きに全員が同調するのだ」

これは、あまりにこじつけの理論だ。何万、何十万もの個体が瞬時に一斉に動き、向きを変えるのだ。群れが一つの〝意志〟を持ってダイナミックに動く現象をまったく説明できていない。わたしは、こう考えた。群れには個々の個体の意志（本能）を超越した〝意識〟が働いている。群れのすべての個体は、その〝意識〟に従って瞬時に反射し動いているのだ。

その後、ユングの「集団的無意識」の理論に出会い、わが意を得たりと満足したのだ。

小鳥や赤トンボやイワシの群れは、明らかに一つの〝意志〟を持っている。

そして、外敵に襲われたときには、群れは一瞬で一個の〝生命体〟に変化し、危機を回避するのだ。

動物の集団行動は〝群れの生存本能〟だ

人間社会にもある群れ意識

群れが外敵に襲われたとき、最悪のパターンが右往左往のパニックに陥ることだ。それこそ捕食者の思うツボだ。しかし、集団で一糸乱れずうねり躍動して危機を回避すれば、被害は最小限ですむ。だからこそ、「集団的無意識」は、〝群れの本能〟ともいえる。

大自然（神）は、個体だけでなく、集合体（群れ）にも生存本能を与えているのだ。

この「集団的無意識」は、いうまでもなく人類にも存在する。

それは小集団にも大集団にも存在する。「仲間意識」「チームスピリッツ」などがそれだ。

人間は二人いるときですら、相手の動きに合わせる傾向がある。

対話のとき、相手がうなずくと、こちらも思わずうなずいている。笑うとこちらも笑う。

これは、ミラー・ニューロンという神経反応による。文字通り、鏡のように相手に反応するのだ。これも、「集団的無意識」の基礎反射と思える。

「集団的無意識」は〝群れの本能〟だが、いいことばかりではない。

〝同調圧力という〝群れの本能〞

最近の流行語に〝同調圧力〞がある。それは〝群れの本能〞の圧だ。

悪魔勢力が仕掛けた〝人類皆殺し〞作戦、新型コロナワクチン……。〝やつら〞は「地球の人口を五億人まで削減する」と公言している（ジョージア・ガイド・ストーン）。mRNAワクチンは、その大量殺戮のための生物兵器である。

「打ったら死んだ」と驚いている人が多い。〝殺す〞ために打つのだから、目の前で急死もあたりまえ。

なのに、「はやく打って」と腕をまくって行列に並ぶ。さらに、「打たない」人には、職場など全員で説得する。これが「同調圧力」だ。

その無言の圧力に屈して殺人ワクチンを打つように追い込まれた人が、あまりに多い。

さらに、人間社会の「集団的無意識」の恐怖は、戦争状態で悪化する。

第二次大戦のときのナチスの熱狂こそが、それである。ドイツ国民がナチズムに雪崩《なだれ》を打つさまを憂えて社会学者エーリッヒ・フロムは名著『自由からの逃走』を著したのだ。

ここでは、ナチズム（全体主義）という最悪の同調圧力が民衆を襲い、破滅に追いこんだ。

レミングの行進という謎の現象がある。ツンドラ地帯に住むげっし類（ネズミの仲間）レミングの集団は、あるとき、突然、大きな群れをなして一方方向に進み始める。

その行く手には川や海が迫っている。しかし群れは構わず進み続け、溺《おぼ》れて全滅してしまう。これが、俗にいうレミング〝死の行進〟だ。

「集団的無意識」は諸刃《もろは》の剣

この不可解な〝集団自殺〟に動物学者たちは、頭を悩ませた。

しかし、このレミングたちは自ら進んで死に向かっているのではない、という。

彼らを集団行動に駆り立てているのは、生存本能なのだ。レミングは繁殖力がすさまじい。エサが豊富だとたちまち一〇倍くらいに膨れ上がる。すると、エサは枯渇する。だから、その群はエサを求めて大移動を始める。行く手に川や海があっても、後から後から押される。それで先頭集団は溺れて死んでいく。それを見た観察者には、レミングが集団自殺しているように映ったのだ。つまり、エサを求める生存本能が、結果として〝死への行進〟を生みだしているといえる。

ヒトラー、ナチスの集団ヒステリー行動も、それに通じるものがある。それは、わが日本民族にも言える。第二次大戦中、天皇へーカ万歳‼ を叫んで、どれだけの人々が〝集団自殺〟に追い込まれたことだろう。

やはり、ユングの発見した「集団的無意識」は諸刃の剣なのだ。

「祈り」は「病気」を癒し、「平和」をもたらす

「引き寄せ」で「祈り」は叶う

人間の「意識」は、すべて「量子波」である。

だから「祈り」も「量子波」なのだ。それは、先述の「引き寄せ」効果を持っている。

つまり「思考」が現実化するように、「祈り」も現実化する。

ところが、現代医学の医者たちは、あきれ果ててあざ笑う。

「お祈りで病気が治るなら、医者はいりませんよ」

ところが、「祈り」で「病気は治る」のだ。冷笑する医者たちは顔が引きつるだろう。

「病気」という文字をよく見てほしい。「気」が「病む」と書く。

この「気」の正体を、近代から現代にかけて、医学者たちはまったく理解できていない。

それを〝迷信〟の一言で片付け、鼻で笑ってきた。しかし、現在は違う。

量子論の発達は、「気」の存在と正体をありありとつき止めた。

それこそ、まさに量子波動エネルギーなのだ。

さらにいうならニュートリノやクオークなどの総合的「量子波」なのだ。

「遠隔気功」も証明された

「気」の存在をありありと立証するのが「気功」だ。「気」は英語で〝バイタルフォース〟と呼ばれる。気功師は手のひらから「気」パワーを出して、病気を癒すのだ。

正確にいうなら、患者の乱れた「気」を整え、活力を与え、病気を治すのだ。

古来から伝わる「手当て」も同じメカニズムだ。療法師の手のひらは、まるでアイロンを当てたように暖かく、熱い。それが、まず患部の血行を促進する。万病の原因は血行不全だ。

さらに、全身の「気」の流れを活性化させる。その流れは「経絡《けいらく》」というルートを通ることは、古来より知られている。「地球の裏にいても治せる!」。気功師たちは自信でうなずいた。

しかし、古来、気功師が行ってきたこの「遠隔気功」などは、現代医学による格好の標的だった。「ペテンの証明」「詐欺医療」と罵《のの》られてきた。しかし、量子テレポーションの存在証明で形勢は逆転した。

最新、量子力学を少しでも学べば、気功師をあざ笑った医師たちの顔は引きつるだろう。

「祈り」で一〇倍症状が改善

世界では「祈り」について研究している学者が、意外なほど多い。

「……祈りとは、(中略)世界の安寧や、他者への想いを願い込めること。利他の精神。自分の中の『神』と繋がること。神など神格化されたものに対して、何かの実現を願うこと。神の定理は各宗教による。祈禱《きとう》、祈願《きがん》ともいう。儀式を通して行う場合は礼拝ともいう」（『ウィキペディア』）

世界には「祈りと治癒」に関する研究論文だけで一〇〇〇本以上あると聞いて耳を疑った。それだけ、この「祈り」の不可思議な効果について、着目している研究者が多いということだ。

カリフォルニア大学での実験は面白い。心臓病の患者三九三人をA、B二つのグループに分けた。Aグループの患者一九二人は、各々に対して「治癒」を外部の人に毎日祈ってもらった。Bグループは、まったく祈り無し。そして、A、B双方に病院では同じ治療法を施した。「祈り」になんの効果もなければ、AB両グループの治療結果は同じはずだ。

しかし、結果はおどろくべきものだった。

Aグループではわずか九人が症状悪化したにとどまった。しかし、祈られなかったBグループで悪化した患者は、四八人に達した。その差は五倍以上。「回復」を祈られたAグループのほうが、祈られなかったBグループより、それだけ症状が改善したのだ。

祈られる人も、祈る人もハッピー

ミズーリ州の病院での実験。一〇〇〇人の患者を二つのグループに分け、一方には他の人から祈りを送ってもらった。

すると「祈られた」グループのほうが平均で一〇%も回復が早かったのだ。

デューク大学が一九八六年から九二年にかけて行った実験も興味深い。

六五歳以上の四〇〇〇人を調査したところ、「毎日、祈りをささげている人」は、「祈らない人」より、はるかに長生きしていることが判明したのだ。

つまり「祈られる人」も「祈る人」も、健康によい効果をもたらすことが証明されたのだ。

現代医学の医者たちは「ありえない」「ウ

平和を願う膨大な「量子波動」

同じことが「平和」にもいえる。

「平和を祈る」というと好戦的な人は、鼻でせせら笑う。

「お人好しも極まれり。祈って平和になれば、軍隊はいらないよ」

しかし、まさにそのとおりなのだ。「平和」への真摯《しんし》な「祈り」は、まさに戦争を遠ざけ、平和を「引き寄せる」。これもまた、量子力学があざやかに証明する真理なのだ。

個人が幸せを祈れば、幸せがやってくる。

同様に国家の平和を国民全体が祈れば、それは、膨大な「量子波」の総合エネルギーのパワーとなって、平和を「引き寄せる」。

まさに、念ずれば叶う。それは、未来をも変える強大なパワーを秘めているのだ。

同じことが「愛」にもいえる。

「愛」を説く人を冷笑する人たちもいる。皮肉に口を歪める。

「『愛』で世界が変わる？」「甘すぎるね」「ロマンティストも極まれりだね」

しかし、「祈り」も「愛」も同じ量子波動なのだ。それは、自らと、他者と、地球の平安と救済を念じる。その波動は、まさに未来の波動（運命）を「引き寄せる」のだ。

ソだぁ！」と叫びたくなるはずだ。

しかし、これら「祈り」の効果の説明も、量子力学であざやかに可能なのだ。

それは気功師による遠隔「治癒」と原理は、まったく同じだ。「祈り」の「量子波」エネルギーが、「治癒」量子波の「波動」を「引き寄せた」からと、いえる。

「愛」の周波数に未来が「共鳴」する

引き寄せる「波動」エネルギー

先述の飛沢氏は「人間は、もっとも大量に量子波を出している」と言う。

われわれの日常の思念、感情などは常に予想以上の「量子波エネルギー」を周辺に放射している。

そして、「祈り」と「愛」の周波数は、「共鳴」する未来の「量子波」周波数を求め、見付け、同調し、共振する。そのとき「祈り」と「愛」は現実のものとなるのだ。

「……あらゆるものはエネルギーである。エネルギーがすべてである。自分が望む現実を手にいれるには、その周波数に同調することだ。ほかに方法はない。これは哲学ではない。物理学である」（デーヴィッド・アイク、『今知っておくべき重大なはかりごと（4）』（ヒカルランド））

この二一世紀最大の賢者は、さらに「怒り」より「笑い」を説く——。

「……拳を振り上げるより、面と向かって笑い飛ばしてやろう。〝やつら〟から、武器を取り上げるには、それがいちばんの早道だ。すべてにおいて、私たちには、もっと『笑い』が必要だ」（同）

「……悪意や怒りを交えずに、心をこめて実行すれば、問題ではなく、解決策にエネルギーを与えることができる」「『愛』にもとづく非協力の波動が発生すれば、あまりの状況の変化に驚くだろう」（同）

「愛」の周波数は最強だ

「笑い」は豊かな「愛」の土壌から生まれる。

そして——。

「怒り」は荒れた「憎しみ」の土壌から生まれる。

「『愛』こそ、現実を変える究極の力である。それは『霊』（スピリット）の表出だからだ」（アイク氏）

それは、どういうことだろう？

「……わたしの言う『愛』とは、『すべてはひとつだ』と知っている『霊』（スピリット）が表出したものだ。そこから生まれるのは究極の強さであって、弱さや消極性とは違う」

「『愛』こそが力なのだ。『愛』こそが強さなのだ。『愛』に匹敵するものは、ほかにない。なぜなら『愛』は、その周波数とつながる可能性・蓋然性《がいぜんせい》を存在に織り込むことによって、現実を変えるからだ」(同)

――だから、「愛」と「祈り」は、物理学的に未来を変える――

第6章

まずは「魂」を解明、それは〝磁気メモリー〟の旅か？

――肉体から離れた「幽体」は「霊体」となり高次元へと旅立つ

「魂」の実在に迫る「量子脳理論」とは？

科学は「魂」の存在を認めた

――最新の科学者は「魂」の存在を認めている。

こういったら、一〇人中九人は「マサカ……」と、笑うだろう。

しかし、量子力学は人間存在を「肉体」「幽体」「霊体」の三層構造と認めている。「肉体」から離れた「幽体」「霊体」とは何か？　それこそ「魂」である。

それは「五感」「記憶」も持っている。メモリー機能で想起するのがハードディスクなどだ。魂の「記憶」も磁気メモリーの一種なのか？　この「魂」の謎に迫るのが「量子脳理論」だ。

「量子脳理論」とは——。

「脳の振る舞いに系（システム）の持つ量子力学な性質が本質的な形で関わっている、というのが量子脳理論」（『ウィキペディア』）

つまり、これまで「脳科学」とは「生理学」「化学」「物理学」からのアプローチからのみで研究されていた。それは、「量子脳理論」に対して「化学脳理論」として、位置づけられる。

「量子もつれ」と「化学反応」

量子論の研究者たちを驚愕させた現象がある。

それが「量子もつれ」だ。対の量子の一方が変化すると他方も同時に変化する。ここにおいて、これまでの空間概念は崩壊した。研究者たちは、頭をかきむしった。しかし、あまたの実験結果は、同じ結果を導き出している。

「量子もつれ」現象は、物理学だけにとどまらない。

化学も、生理学も、根底からの見直しを迫られている。

「……『量子もつれ』という不気味な性質が『通常の化学反応に関係している』という考え方

は、一九七〇年代には突飛なものとみなされていた。そもそも、当時の多くの科学者はアインシュタインと同じく、いまだ検出されたことのない〝もつれ合った〟粒子が、本当に存在するのかどうかさえ、疑っていた。しかし、それから何十年かの間に、数々の巧妙な実験によって、そうした不気味な〝結び付き〟が、現実に存在することが裏付けられた」（『量子力学で生命の謎を解く』前出）

「意識」は「量子」の流れ

脳科学者たちは、人間の「意識」をこう考えてきた。

「……それは『脳神経』（シナプス）間を行き交う電気信号による〝情報〟の体系である」

つまり、「意識」とは――〝電気信号〟にすぎない――という発想である。

つまり、意識は「電気」なのだ。それをアッサリ言ってしまえば「電子の流れ」である。

「電流は電子の流れである」。これは、小学生でも知っている。それでは、「電子」とは何か？

量子力学においては、それも「量子」の一つなのだ。

だから、「意識」とは「量子」の流れである。これが、答えである。

「あらゆる存在は『波動』である。いかなる『物質』も存在しない」（マックス・プランク）

これは、量子力学の定理だ。だから「量子」も「波動」（量子波）である。

だから、「意識」も「波動」なのだ。あらゆる「存在」は「エネルギー」を持つ。よって「意識」は「波動エネルギー」なのだ。

だから――**「意識」は電気信号**――と解釈した現代科学はまちがってはいない。電場が変化すると磁場も変化する（電磁誘導）。

だから「意識」には電磁エネルギーも関与している。

ただし、その奥行きは、量子論によれば想像以上に深かった、ということだ。

ノーベル賞学者ペンローズの「量子脳理論」

脳情報処理に量子力学が関与

さらに、最新量子力学は人間存在を少なくとも「肉体」「幽体」「霊体」の三層構造と解釈している。すると、これら三つの存在は、すべて「波動エネルギー」とみなせる。

つまり「幽体」も「霊体」も「波動エネルギー体」なのだ。

わたしは、これまでに「量子もつれ」（ヒモ理論）は、「超能力」「超常現象」さらに「霊魂」「来世」「転生」も説明できる、と述べてきた。

さらに「空間」と「時間」の瞬間移動（テレポーテーション）ですら可能となる。

ここまで書けば、自称〝知識人〟たちの冷笑の頬《ほお》もひきつるだろう。

しかし、SNSでは、この未知の理論に果敢に挑む〝識者〟が多い。

「……量子脳理論を代表する人物にロジャー・ペンローズという数理・物理学者がいる。あのスティーヴン・ホーキングとともに、ブラックホールの特異点定理を証明し、『事象の地平線』の存在を唱えた宇宙物理学の世界的権威である。彼の著書『皇帝の新しい心』で、脳内の情報処理に量子力学が深く関わっている、というアイデア・仮説を提示している」（ブログ『旧雨今雨』）

ちなみにペンローズは、二〇二〇年、その卓越したブラックホール理論によりノーベル物理学賞を受賞している。

世界的に高名な物理学者まで、脳活動と量子論の関連を真剣に考察しているのだ。

不世出の大天才と絶賛されたペンローズ博士

微小管の異次元〝トンネル効果〟

ペンローズは従来の「意識」の「電気信号説」をさらに超えた説を展開している。

それは、以下のようなものだ。

「――『意識』とはニューロン（神経細胞）を単位として生じてくるものではない。『微小管』と呼ばれる……量子過程が起こりやすい構造から生じる」

この「微小管」とは、「すべての細胞が持つ、たんぱく質からなる直径約二五nm《ナノメートル》の管状構造をした細胞骨格である」という。

ペンローズの仮説によれば「それは波動関数が収縮すると、『意識』の元となる未知の属性も同時に組み合わさり、生物の高レベルの『意識』が生起する」という。

あまりに難解で、何が何やらわからなくなるだろう。

つまり、彼の仮説は「細胞のナノレベルの微小管の〝トンネル効果〟により、異次元の量子波現象が生体（細胞）に影響を及ぼす」と主張しているのだ。

これは異次元と現次元……つまり現実（細胞）をつなぐ〝トンネル〟の役割を果たしている、と考えられる。

――だから、「意識」→「量子波」→「波動エネルギー」→「微小管」→「神経信号」→「生理反応」という「系」（流れ）が生じる。

いうまでもなく、最初の「意識」は「肉体」「幽体」「霊体」に共通に重なって存在する。

そして、この「システム」の相互関係は、逆向きにも存在する。

つまり「生理反応」も「意識」に影響を及ぼすのだ。

次元間を結ぶ微小管とトンネル効果の発見

復活！「千島・森下学説」

ちなみに異次元と現次元を結ぶ微小管のトンネル効果について——。

その存在に気づいた学者がいた。それが、森下敬一博士（国際自然医学会会長）だ。

その名前は「千島・森下学説」として歴史に刻まれている。

ちなみに、森下先生は、わたしにとって永遠の師だ。

その理論はわたしのバックボーンなのだ。

この学説は、半世紀以上も前に提唱された学説だ。

それは旧来の生理学・医学を根底から覆す壮大な理論だった。

旧弊なウィルヒョウ学説を根底に据える生理学は、「血は骨からできる」と教えてきた。いわゆる「骨髄造血説」だ。これに対して「千島・森下学説」は

森下敬一博士：千島・森下学説は医学を覆す

「血球は腸管で生成される」としている。

これが「腸管造血説」だ。さらに、旧来医学では「血球は体細胞に変化しない」と教えてきた。「細胞不可逆説」だ。

これに対して森下博士らは「血球細胞と体細胞は相互変化する」ことを発見した（「細胞可逆説」）。

さらに、ほとんどの医師、研究者は「細胞は細胞分裂のみから生じる」という「細胞起源説」を盲信している。

しかし、千島・森下両博士は「細胞が細胞以外から生じる」現象を観察している（「細胞新生説」）。

たとえば、フランスの生理学者ガストン・ネサンは未知の微小生命体ソマチッドを発見している。それは環境に応じて一六以上の形態に〝変態〟して研究者を驚かせる。

ソマチッドは、別名〝不死の生命体〟

■生命理論を根底から覆すソマチッド発見

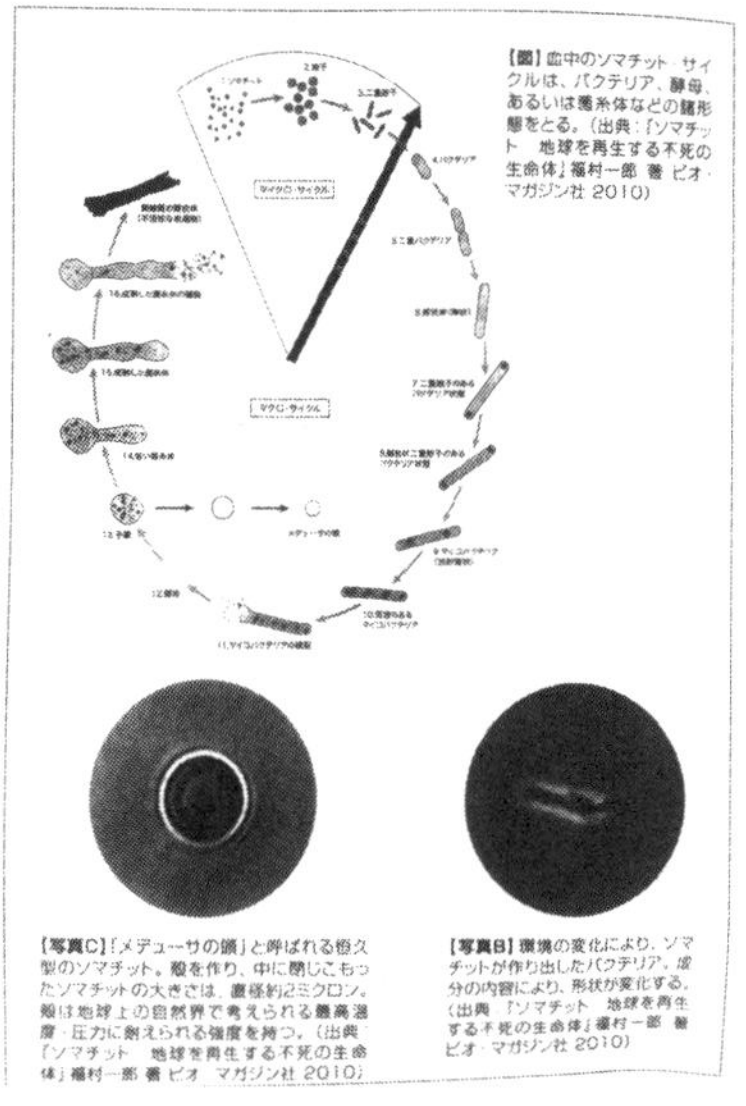

【図】血中のソマチッド・サイクルは、バクテリア、酵母、あるいは菌糸体などの諸形態をとる。（出典：『ソマチッド　地球を再生する不死の生命体』福村一郎 著 ビオ・マガジン社 2010）
【写真C】「メデューサの頭」と呼ばれる耐久型のソマチッド。殻を作り、中に閉じこもったソマチッドの大きさは、直径約2ミクロン。殻は地球上の自然界で考えられる最高温度・圧力に耐えられる強度を持つ。（出典：『ソマチッド　地球を再生する不死の生命体』福村一郎 著 ビオ・マガジン社 2010）
【写真B】環境の変化により、ソマチッドが作り出したバクテリア。成分の内容により、形状が変化する。（出典：『ソマチッド　地球を再生する不死の生命体』福村一郎 著 ビオ・マガジン社 2010）

不死の生命体ソマチッドを医学界は黙殺した

とも呼ばれる。それは、鉱物の中、植物の中、そして、動物の体の中にも潜《ひそ》み、陰から生命活動の重要な働きを支えている。

宇宙プラナとチューブリン微小管

「千島・森下学説」の発見は、旧来の生理学・医学の説をことごとく否定する破壊力に満ちていた。だから、イルミナティを頂点とする〝闇の勢力〟は、この学説を徹底的に弾圧、歴史の闇に封印してきた。しかし、悪魔も真実を封印することは叶わない。いまや、「千島・森下学説」は、永遠の真理を導く先駆け理論として、復活してきた。（拙著『ＳＴＡＰ細胞の正体――「再生医療は幻想だ」復活！　千島・森下学説』花伝社、参照）

森下博士は、「千島・森下学説」第四弾ともいえる画期的な発見をしている。

それが「経絡造血説」だ。

生理学者たちを悩ませている一つの現実がある。それが、食べないで生きている人たちの存在だ。彼らは〝不食〟の人と呼ばれている。

「経路造血」を証明するボンパ血管

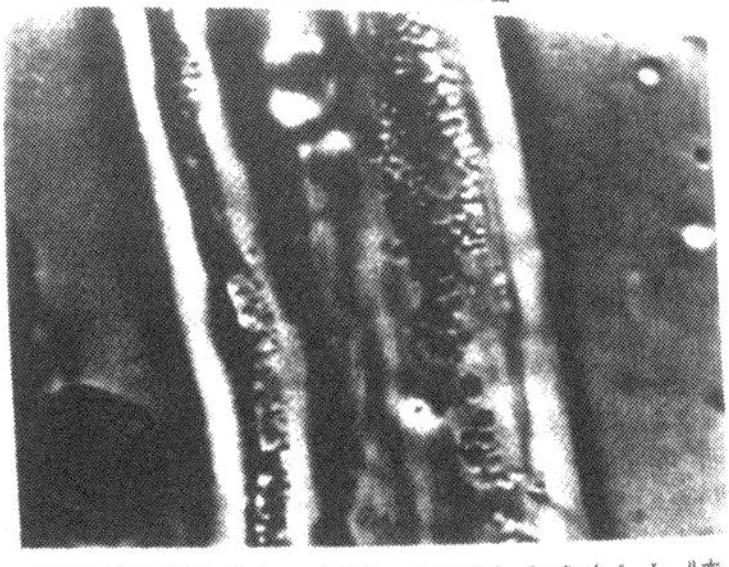

森下博士が発見し、「ボンパ血管」と命名した"未知の経絡管組織状脈管"。その内腔の一部にソマチッド顆粒が密集し、その群集体の中での成育過程も観察される。

宇宙プラナ「肉体」に変換！「経絡造血説」

森下先生にいわせると「世界で不食者は約二〇万人はいる」という。

ヨガの行者に、不食者は多くみられる。

中には不食どころか水も飲まない（不飲）、排泄《はいせつ》もしない（不排泄）。

旧来の栄養学、カロリー理論では、彼らは餓死して当然だ。

しかし、まったく健康で普通に暮らしている。その不食の謎を、森下敬一博士は鮮やかに解明してみせた。

それが、宇宙プラナとチューブリン微小管の働きだ。

「……（宇宙エネルギー）プラナは、人体の経絡に吸収されます。すると、そのエネルギーはソマチッドを増殖させる。それはリンパ球に変化し、さらに赤血球を生じる。これら血球細胞は体細胞に変化し、人体を生成する。つまり、〝光合成〟で人体はできるのです」（森下博士）

この宇宙プラナはどうして生命体に到達するのか？

「……宇宙プラナと経絡への通り道となるのがチューブリン微小管です。ナノレベルの管で異次元と現次元をトンネルのように結んでいます」（同）

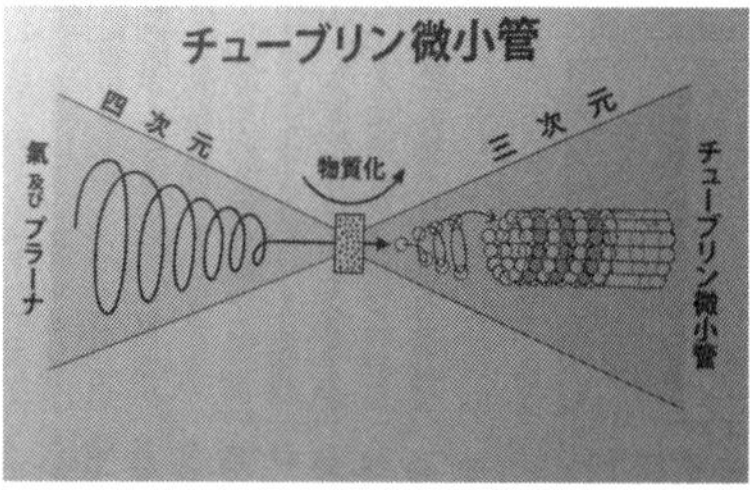

森下博士が発見した“異次元トンネル”効果

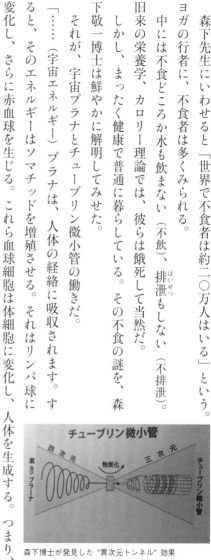

トンデモ理論は、最新、量子力学で「真実」となる

宇宙は一一次元の多次元存在
――他次元からの〝トンネル効果〟――

と聞いてもピンとこない人も多いはずだ。

「そんなのトンデモ理論だよ」と、大半の人は笑うだろう。

ところが、最新科学である量子論は、数学的に宇宙には一一次元世界が存在する、と結論する。またまた、頭をかきむしりたくなったはずだ。

多次元世界をパラレルワールドと呼ぶ。量子力学が認めている「肉体」「幽体」「霊体」……の先には、さらなる多次元宇宙が広がっている可能性があるのだ。

ペンローズ博士の微小管理論は、「幽体」「霊体」と「肉体」を結ぶ〝トンネル〟と解釈することもできる。ヒトの「意識」は「量子波」として、この〝トンネル〟をくぐり抜けているのかもしれない。

ペンローズ博士は「アインシュタイン以来の大天才」と、世界の科学界で称賛されている。

そんな大学者が真摯《しんし》に量子脳理論を提唱している。

それを、トンデモ理論と一部、あざ笑う連中がいる。まさに、身の程知らず、きわまれり。

量子脳理論、次々に立証される

ペンローズ博士には以下の著作もある。『心の影（1、2）』『ペンローズの量子脳理論』、『心は量子で語れるか』。さらに、ホーキングとの共著『ホーキングとペンローズが語る　時空の本質――ブラックホールから量子宇宙論へ』など。さらに解説書として『ペンローズのねじれた四次元』などがある。

ペンローズは、「意識」を量子論から解明しようと試みた。

つまり、彼の主張は――「『意識』とは『量子』の〝ふるまい〟である」。

この量子脳理論を裏付ける研究結果が、次々と発表されている。

――「意識」は量子効果で生じる――

この事実を証明する実験結果が発表されたのだ。

それはカナダ、アルバータ大学とアメリカのプリンストン大学の共同研究だ。

それは「ヒトの意識は量子的効果で発生しているという『量子意識仮説』を支持する」。

「……かつては、ブラックホールの存在と同じく、『荒唐無稽《こうとうむけい》』であるとみなされていましたが、新たな研究では、量子意識仮説を裏付ける実験的な結果が得られた」（『nazology.net』）

「意識」と「量子」はリンクしている。ペンローズの主張は、以下の追試でも証明されている。

「意識」「量子効果」が証明された

アルバータ大学の実験は次のように行われた。

「細胞内部の一部分に光エネルギーを与え、量子効果が発現するかを確認した」

その結果は、ペンローズ仮説を立証するものだった。

「……細胞内部に存在する微小管で、量子効果が起きていることが判明した」（同）

具体的には、微小管と呼ばれる微細なチューブ状の構造に、青い光を当てて観察した。

この微小管は「細胞の骨格」として細胞の運動や構造維持を担っている。その他、細胞に付設された「レール」「牽引役《けんいん》」として、物質輸送にも関わっている。そのため、細胞各所に「回路」のように張り巡らされている。

青い光照射実験では「光が微小管にとらえられ、その半分が数百ミリ秒から一秒以上が経過した段階で放射される『遅延発光』が観察された」。

この「遅延発光」は、量子効果の結果として生じることが知られている。そして、「数百ミリ秒から一秒」という範囲は、「意識」が発生するタイムスケールとも一致している。

さらに、研究チームは興味深い実験をおこなった。

披験者に「意識」を奪う麻酔薬を投与して、同じ実験を試みた。

すると、麻酔薬使用時では、「遅延発光」に必要な時間を五分の一に短縮していた。

これは、麻酔薬が「意識」を奪ったため、量子効果が妨げられた、のだ。

プリンストン大学ではレーザーを用いて同様の実験を行った。結果は、やはり同じだった。「意識」を奪う操作をすると、量子効果は表れない。

これら実験は、「意識」と「量子」がリンクしていることを示唆するものだ。

生物学も近未来ステージに上昇している

〝生命の謎〟を解く「量子生物学」
――生命活動に量子効果が関わっている――

それだけではない。「意識」だけではない。「生理」と「量子」も同様に深く関わっている。

この事実が次々に判明、実証されている。こうして、いまや、「量子脳理論」だけでなく、「量子生物学」まで提唱されている。つまり、**量子力学×生物学**というハイブリッドな研究分野だ。その発展により、さまざまな生命現象に関わる量子効果が判明しているのだ。

「……近年になって、生命活動のさまざまな領域において、量子的な効果が利用されていることが明らかになり、量子力学と生物学を融合させた『量子生物学』という新たな分野が成長しつつあります」(nazology.net)

ここまで読んで、「はじめて聞いた！」と驚く人が大半だろう。

それも無理はない。世界中の学界だけでなく報道も、いっさい、これらの動きを伝えないからだ。はやくいえば、アカデミズムもジャーナリズムも地球を支配する悪魔勢力に掌握されているからだ。これら〝闇の勢力〟は、量子力学についても、同じ仕打ちをしてきた。

そして、他方、一〇〇年以上も昔の黴《かび》の生えたアインシュタイン相対性理論を神棚に奉《まつ》り、世界中の人々に礼拝を強要してきたのだ（『世界をだました5人の学者』参照）。

生命の謎が次々に解明される

しかし、悪魔の闇もそろそろ晴れる。空を覆った黒雲も引き始めた。

雲間から眩しいほどの光が射《さ》し始めている。まさに、未来を示す希望の光だ。そして、それは新しい「知」の芽吹きをもたらしている。「量子脳理論」「量子生物学」などはその若芽だ。

「……とくに、（植物の）光合成に対する『量子生物学』の貢献は、めざましく、光エネルギーから栄養（化合物）が作られる過程では、電子が量子的なふるまいによって突然位置を変え、従来の古典生物学では説明困難な化学反応を実現している様子が証明されています」（同）

その他、量子力学が証明した、生命現象は枚挙にいとまがない。

▼渡り鳥のナビゲーション機能、▼動物の嗅覚、▼ＤＮＡやたんぱくに関与する酵素反応

……などなど。

しかし、驚くほどのことではない。なぜなら、宇宙のすべての現象に量子力学は通底しているからだ。つまり、**量子力学＝物理学＝生物学＝心理学**なのだ。

だから、「意識」にも「量子」が関与してるのは、当然だ。

その謎も量子力学が解明してあたりまえなのだ。

「魂」は死で時空を超え、離脱・憑依《ひょうい》・転生する

死後の世界は存在する！

……以上「意識」が「量子力学」と関連している。これは現代の最新科学も証明している。

つまり――**「意識」は「量子」の〝ふるまい〟である**――

なら、本書の主題「幽体離脱」で不可欠な「霊魂」の存在はどうだろう？

まず、「幽体離脱」は「臨死体験」で、もっとも多く出現する。

量子脳理論の提唱者ペンローズ博士は、それをこう解釈している。

「……脳で生まれる『意識』（魂）は、宇宙世界で生まれる〝素粒子〟より小さい〝実在〟であり、『重力』『空間』『時間』にとらわれない性質を持つ。そのため、通常は脳に収《おさ》まってい

るが、体験者の心臓が止まると、『意識』は脳から出て、拡散する。そこで、体験者が蘇生《そせい》したばあい、『意識』は脳に戻り、体験者が蘇生しなければ、『意識』情報は、宇宙に在り続けるか、あるいは、別の生命体と結び付いて、生まれ変わるのかもしれない」（ロジャー・ペンローズ博士）

死後も「霊魂」は存在する

世界的大天才として惜しみない賛辞を与えられているノーベル賞学者。その最高レベルの科学者が、ここまで率直に述べているのだ。つまり、死後の世界は、存在する！

ここで、ペンローズ博士のいう「意識」こそ「魂」「霊魂」と言い換えることができる。

つまり、ここで博士は「霊魂」は「重力や時空を超える」と言っている。そして、心臓が止まる臨死状態になると、それは脳から出て拡散する。これが、「幽体離脱」である。

そのとき「意識」（魂・幽体）は、外界の様子を知覚し、体感し、記憶している。

だから、まちがいなく「魂・幽体」には「五感」と「記憶」が存在する。

そして、蘇生すると、それは一瞬で脳に戻る。

ペンローズ博士は、体験者が蘇生しない場合についても語る。

それは、死んだ場合だ。博士は「死後の世界」についても考察している。

「……『意識』情報は宇宙に在り続ける」とは「霊魂」は「宇宙に存在し続ける」という意味だ。だから、このノーベル賞学者は、「霊魂」の存在と「死後の世界」を信じている。

さらに驚愕は、次の考察だ。

「……（霊魂は）別の生命体と結び付いて、生まれ変わるのかもしれない」

これは、『憑依』あるいは『転生』のことだ。

「宇宙」を漂う「霊魂」が、他者や動物と結び付くことを「憑依」と呼ぶ。

そして、生まれる直前の胎児と結び付くことを「転生」（生まれ変わり）という。

ペンローズ博士はこれら古来から知られる神秘現象を科学者の立場から認めているのだ。

それは、もはや……トンデモ理論でもなく、オカルト科学でもない。

多数の臨死体験を記録分析したパーニア博士の論文

「体外離脱」「故人」「自由」

（1）「臨死体験」、（2）「幽体離脱」、（3）「憑依現象」、（4）「輪廻転生」……。

これらは一見、なんのつながりもなさそうに思える。

しかし、まさに、これはペンローズ博士が考察する〝魂の旅〟なのだ。

まず――。「臨死体験」で「魂」は不思議な体験をすることになる。

（以下、YouTube：『真実の目』より）

――サム・パーニア博士はニューヨーク大学の准教授かつ医師である。

彼は救急救命科の専門医であった。長年のキャリアで、数多くの臨死体験を目撃し、研究を重ねてきた。彼は、その研究成果を論文にまとめている。これら論文を元に考察していく。

「臨死体験」を観察研究（サム・パーニア医師）

まず「臨死体験」とは何か？

それは病気や事故などによって、心肺停止など重篤な症状のとき、患者に訪れる状態を「臨死」という。

そのとき患者が感じる現象が「臨死体験」だ。

それには、いくつかのパターンがある。

その1：「体外離脱」

これは「意識」が「肉体」から抜け出た状態だ。

「臨死体験」を体験した人は、ほとんど「体外離脱」を経験している（本書でいう「幽体離脱」）。

彼らの話によると――

「自分自身の姿や家族を上から見下ろしていた」「地球全体を俯《ふ》瞰《かん》していた」……など。

一般的に、「体外離脱」で体験する内容は、その人の〝幻覚〟や〝幻視〟だと言われてきた。しかし、一部の患者は、臨死では絶対に見えるはずのない物を見ている。自分とは別の部屋にいた医師や看護師の顔などを〝見て〟いる。さらに、病室の天井の裏に置かれていた物の形や色まで、〝見て〟いるのだ。

患者は、意識が戻った後も、これらを正確に復元することができた。これは、「体外離脱」がただの〝幻視〟でないことを証明している。パーニア医師は、論文でこう結論づけている。

「……体外離脱した患者の『意識』は、五感を通さずに、周りの環境を観察することができた、ことを意味する」

その2：「親族と対面」

すでに亡くなった親族が部屋の中に現れる。そして、自分に話しかけてくる。部屋の中を歩いていたりする。しかし、恐怖心を感じることもない。体験した患者の気持ちは、非常に心が

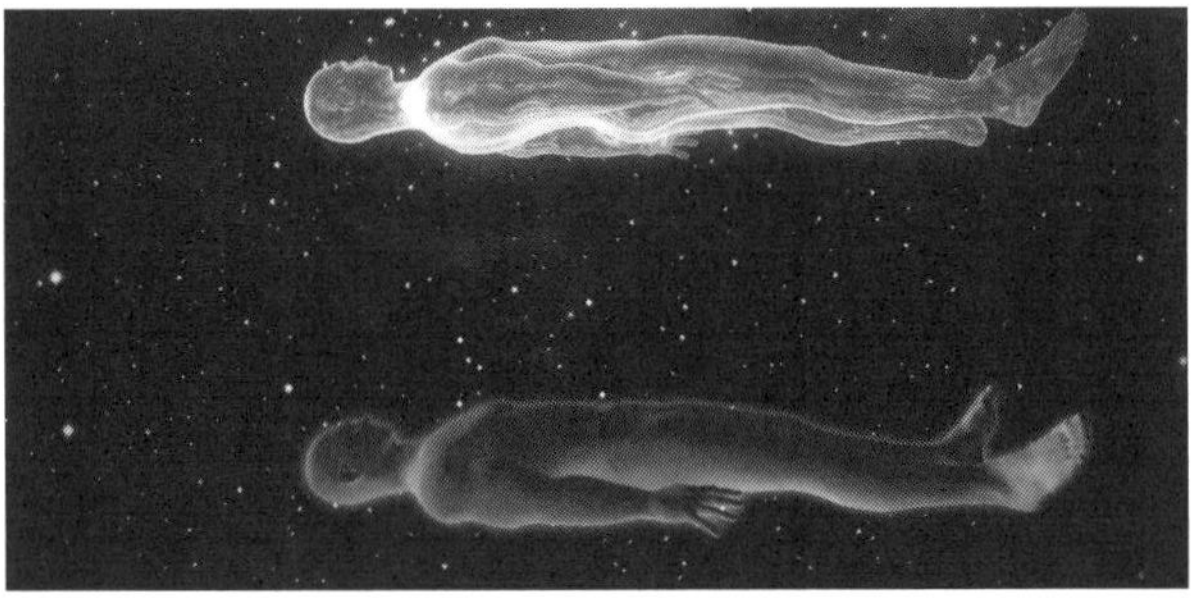

「幽体」は「肉体」から離脱して、旅立つ……

暖かく感じた、という。そして、落ち着き満たされた気分になった、という。

その3：「戸惑い」

臨死体験では肉体は瀕死《ひんし》状態にある。しかし、それに反して意識は徐々に蘇ってくる。その過程で患者のほとんどは「強い戸惑い」を覚えた、という。「自分はだれなのか？」「どこにいるのか？」「何が起きているのか？」などの強い戸惑いを感じていた、という。

その4：「自由・安らぎ」

瀕死状態から蘇った患者は、こう述べた。

「今までにない自由を感じた」。具体的にどんな自由なのか？　ほとんどは説明はできなかった。しかし、「忘れ難い感覚だった」と満足げに語るのだ。「経験したことのない安堵感」「暖かい光に包まれた」。

臨死体験のほうがリアル！

パーニア医師の研究論文で、注目すべきは以下の点だ。

「……臨死体験で体験した世界は現実世界より、よりリアルだった。感じ取っていたさまざまな感覚も、ふだんより一層リアルに感じた」

つまり、現実世界と臨死体験で見た世界の〝現実性〟の差は、現実世界と夢の中の世界の

〝リアルさ〟と同じという論文内容だ。

これは、どういう意味か？

「……私たちが人生を歩んでいるこの現実世界は、夢のようなものであり、臨死体験で体験した、あの世界のほうが『現実性を持っている』ということです。また、多くのケースにおいて、臨死体験の中では『難解なことが理解できる』『悟った！』などの体験も報告されています」（『真実の目』）。どうして、このような現象が起きているのか？　理解としては、ヒトの意識レベルは、三段階に分けられる。

（1）『夢』、（2）『現実世界』、（3）『臨死体験』の世界……。

意識レベルはより高次へ

以下――。三段階の解説だ。

（1）『夢』：夢の中では、意識レベルは、もっとも薄くて弱い。感情は感じられるが、まともな思考は、困難である。

（2）『現実世界』：現実の世界で、意識段階が一段階上がる。はっきりとした思考能力と、認識能力を持つようになる。

（3）『臨死体験』の世界：意識レベルは、さらに一段階上がる。現実世界では考えられない、ようなさまざまなことができるようになる。

「……では、なぜ『意識』には、このような違いがあるのか？　ここから、核心部分に入ります。人間の『意識』とは、いったい何なのか？　人が亡くなったあと、『意識』はどうなるのか？　私たちは魂を持っているのか？」（『真実の目』）

ここで、前述ロジャー・ペンローズ博士が登場する。

彼は「量子ソウル理論」（量子脳理論）の提唱者として有名だ。

「……ペンローズ博士は、トンデモナイ理論を展開しています。なぜなら、〝魂〟や〝ソウル〟は、正統派の科学界が、絶対に触れることのない分野です。しかし、ペンローズの『量子ソウル理論』は、『魂は実在している』という主張です。彼は言う。『……機械による人工知能が、どれほど発達しても、〝意識〟もしくは〝魂〟という点では、永遠に人間に勝つことはできない……』現在の人工知能は、根本的には、機械的な計算によって〝思考〟を行っている。しかし、人間の〝意識〟は、〝量子〟の働きによるものだ。人間の脳の中には、『量子もつれ』状態にある電子が大量に存在している。これらの電子は――〝収縮〟↓量子もつれ状態↓〝収縮〟↓量子もつれ↓……というサイクルを繰り返している」（同）

電子が収縮すると、人間には一つの具体的な思考あるいは感情が起きる。

この過程の繰り返しによって、「人間は〝意識〟を持つ」ようになるのだ。

――ここまでのペンローズの主張は、まだ科学界にも受け入れられるだろう。

「死後の世界」の存在を量子力学が証明

「量子もつれ」時空を超える

「……しかし、その先の主張は、飛躍し過ぎる考え方になっています」（『真実の目』）

そのペンローズ理論によれば、人間が亡くなったあと、その人の「意識」は、〝量子の形〟として存在し続ける。このときの「意識」は肉体から離れて、宇宙の〝どこか〟に戻る。

……この「意識」とは、俗にいう〝魂〟の概念と変わらない。

続いて、ペンローズは臨死体験が起きる理由について、述べている。

「……『意識』が量子状態として存在できる理由は、脳の神経細胞にある〝微小管〟という構造にある。この構造は、量子特有の『状態の重ね合わせ』と『量子もつれ』という特徴を持っている可能性がある。『意識』が量子状態として存在しているのは、〝微小管〟が深く関わっている」（同博士）

「状態の重ね合わせ」とは

ここでいう「状態の重ね合わせ」とは、いったい何だろう。

量子はいくつかの異なる状態を〝同時〟に持っている。たとえば——。

「右にも回転しているし、同時に左にも回転している」「Aの場所にいるし、同時にBの場所にもいる」。この不可思議な現象を「状態の重ね合わせ」という。

「……考えてみてください。私たちもいくつかの『意識』『感情』を同時に持っています。これは、まさに量子の『状態の重ね合わせ』と同じでないでしょうか?」（『真実の目』）

もうひとつ。「量子もつれ」について——。

「……人間が死ぬと、脳や微小管は、機能しなくなります。しかし、それでもその人の『意識』は存在し続けている、とペンローズは考えています。その理由は『量子もつれ』に隠されている。量子もつれ状態にある二つの量子は、仮に一億光年離れたとしても、二つの量子の間では『状態』の『共有』が常に起きている。地球から一億光年先にある片方が右回転すると、地球にあるもう片方は、瞬時に左回転する」（同）

「量子もつれ」状態にある二つの量子は、まるで見えない二つのヒモでつながっているかのようだ。これが「意識」と、どういう関係があるのか?

「あの世」は〝宇宙のどこか〟

「……量子状態として、存在している人間の〝意識〟は、宇宙のどこかに存在している〝意識体〟と『量子もつれ』の状態にあります。つまり、両者は、一本の〝見えない糸〟でつながっています。そして、人が亡くなって、脳が機能しなくなったら、人間の脳内にあった〝意識〟は、消えているように見えますが、宇宙側の〝意識体〟は消えていないのです。その〝意識体〟と量子もつれ状態にある人間側の〝意識〟は、存在し続けます。臨死体験でさまざまな不思議体験をした理由もこれで説明がつきます。肉体が瀕死状態になったことで、脳が機能しなくなり、人間側の〝意識〟は、肉体から離れていきます。しかし、宇宙側の〝意識体〟と量子もつれによって、つながっているので、その人の〝意識〟は生きています」（『真実の目』）

　その後、肉体が瀕死状態から蘇る。すると、人間側の〝意識〟は肉体に戻る。こうして、瀕死状態のあいだ、肉体から離れた〝意識〟が、体験したさまざまな出来事が、いわゆる臨死体験として残るのである。

　このように、ペンローズ博士は「肉体が亡くなった後も、〝意識〟はなくなることはなく、宇宙の〝どこか〟に戻る」という。

　むろんノーベル賞受賞者ペンローズが提唱する理論とはいえ、あまりにも飛躍的すぎる。だから、研究者の多くは、この『量子ソウル理論』に反発している。

この理論が正しいかどうか？　量子力学や生物学が今よりさらに発達した未来に〝科学的〟に実証されるだろう。

しかし、ペンローズ博士らが観察し、パーニア医師らが体験した「臨死体験者」たちの証言はありありと「真実」を語っているのだ。

一一次元目こそ〝魂の場〟

ここまで読み進んで、呆然自失の方がほとんどだろう。

『真実の目』は、ペンローズ理論をさらに深めている。じつに明晰《めいせき》な理論展開というしかない。あなたの人生観、宇宙観は、根底から覆るだろう。

以下――要約する。

……ペンローズは死後、〝意識〟（魂）は、〝宇宙のどこか〟に戻る、という。この宇宙には、われわれの三次元宇宙の他、もっと高い次元の存在の可能性がある。現段階の数学的計算結果から、この世界は一一次元まで存在することが判明している。これが〝魂〟とどういう関係があるのか？

われわれの〝魂〟の本質は、高次元から三次元へ投影されているモノだと考えられ、われわれは、三次元空間に存在している肉体と、一つ上の四次元空間に存在する〝意識〟で構成されている。そして、人間側にある〝意識〟と四次元に存在している〝意識〟は、「量子もつれ」によって、糸のようにつながっている。人が亡くなったあと、人間側の〝意識〟が戻る場所は、この三次元宇宙のどこかではなく、四次元空間である。同じように四次元空間に存在している〝あの意識〟も、一つ上の五次元空間に存在しているモノの投影である。このように遡《さかのぼ》れば、すべてのモノが一一次元に存在するモノの投影ということになる。その一一次元に存在しているモノこそが、われわれの本体であり、本当の姿である。なぜ、高次元にいる〝本体〟は、低次元のわれわれに投影しているのか？　それは、太陽で影ができるのと同じ宇宙の法則だ。これで臨死体験……魂……輪廻転生……など不思議な現象は説明がつく。人間にとって〝死〟は肉体の終点だが、〝意識〟はまたそこから新しい旅を始める。臨死体験者のほとんどが体験する、「安堵感」といった感情は、〝意識〟が元のあるべき場所に戻った安らぎ感かもしれない。

つまり、われわれの〝魂の旅〟は次元を超えて続く。近年〝アセンション〟ということが、よく言われる。心身を一つ上の次元に向上させるという意味だ。それは一種の精神論と考えられてきた。しかし、量子論から言えば、それはまぎれもなく「物理学」的な次元上昇なのだ。

第7章

生まれ変わり「輪廻転生」の神秘が、ついに解明される

――前世の記憶は、胎児の新しい生命に転写され引き継がれる

これまでは「ちょっとヤバイ」人たちだった

「あなたの前世みてあげる」

「生まれ変わり」――それは文字通り、ある人が他の人に生まれ変わることをいう。
よく「自分は××の生まれ変わり」という話を聞く。
たいていのばあい「ああ、そう……」と笑って聞き流す。
心の中で「この人、ちょっとだいじょうぶかな？」と苦笑している。

あるいは「あなたの前世を見てあげる」と近づいてくる人もいる。「ヤバイな……」と思いながら「……イエイエ」と手を振っている。「ちょっと、かんにんしてヨ」(苦笑)。

それどころか、ある宗教では「輪廻転生」が説かれてきた。それが伝承されて今日にいたる。

チベット仏教などは、その典型だろう。

「ダライラマ×世」などという呼称が、まさに「転生思想」を物語っている。

そこではヒトの「霊魂」は不滅だと信じられてきた。

ヒトは死ぬと、その「霊魂」は、他の生命に生まれ変わる。これを「転生」という。

こうして生命はなんども生まれ変わりを繰り返す。それが「輪廻転生」の思想である。

この根本教義は「霊魂不滅」である。

だから、なんども生まれ変わるのも、あたりまえなのだ。

量子論で〝迷信〟から〝科学〟へ

さて――。ここまで読んでも九割の人は、〝引いて〟しまうだろう。

いわゆる〝ドン引き〟というやつだ。このように「生まれ変わり」とか「前世」とかいうのは、「ちょっとヤバイ」人たちなのだ。心の中で〝黄信号〟が点滅する。

「おつきあいは、控えておこう」。もう、早々と退散を考えている。

ただし――。本書をここまで読み進んで来られたあなたは別のはずだ。

前章の「魂の解明」をふり返ってほしい。ペンローズ博士の「魂」の解明には、感服したはずだ。アインシュタイン以来の大天才！　と、称えられる今世紀最大級の科学者が、知性が〝魂〟の実在を立証した……!!

「霊魂」の科学的な解明は、量子力学の登場なくして、不可能だった。

量子論は、〝迷信〟を一気に〝科学〟の俎上《そじょう》に上げたのだ。

ペンローズ博士の量子論を基礎とする「霊魂存在論」を否定する学者は、いないだろう。

それほど博士の論考は、緻密で理路整然としている。

……次の警句がある。

「――UFOや死後の魂を、即否定する人は『本物の科学者』とは言えない」（『プレジデントオンライン』）

メモリー機能付き磁気波動

では――〝魂〟とは、具体的にどう説明したらいいのか？

これまで、それはミクロでは「量子波」である、と解説してきた。

しかし、それだけでは〝魂〟の全体像は、見えてこない。

ここで、私論を述べておきたい。〝量子論の父〟マックス・プランクの言うように、宇宙のあらゆる存在自体が波動体である。だから、この世の森羅万象が波動エネルギーそのものであることは、まちがいない。だから、〝魂〟も波動エネルギー体である。

ポイントは、〝魂〟が前世とくに死の瞬間をアリアリと記憶していることだ。つまり、〝魂〟は〝メモリー機能〟を持つ。宇宙のマクロの波動は、拮抗《きっこう》する「磁場」「電場」「重力場」の振動エネルギーだ。

その中でも、磁場がもっとも強く介在している。だから、マクロでの〝魂〟の概要は「メモリー機能付き磁気波動」とみなすこともできるはずだ。

それも高エネルギーの「うねり」「渦」ではないか。

「〝魂〟の重さは約二一g」という面白い実験結果もある。（158ページ参照）

じっさいに物質は存在しない。だから、重さ（質量）とは、波動（エネルギー量）に過ぎない。

つまり、体重に比較して〝魂〟の重量が二一gなら、その分が〝意識〟（波動エネルギー）に変換されて「体外離脱」したことになる。

死者の〝記憶〟を引き継ぐ

「――『〝魂〟は〝情報〟であり、〝永遠〟である』無神論者の宇宙論」（『New York Times

Magazine』2007／8／1）

驚きの見出しである。

科学の世界の〝風向き〟が変わってきた。

この『New York Times Magazine』の記事は、その一例である。

「……約一〇〇年前、無神論者の哲学者W・ジェームズは『脳は人間の精神生活をつくりだしているのではなく、〝伝達〟しているのかもしれない』と示唆した」（同誌）

では、脳は何を〝伝達〟しているのか？　それは〝情報〟である。無神論者ならそう考える。

量子力学者なら〝量子波〟と言うだろう。唯神論者なら、迷わず〝霊魂〟と呼ぶ。

いずれも、同じ現象を言っている。ただ、表現が異なるだけだ。

本章のテーマ「前世を記憶する子ども」の〝記憶〟こそ〝情報〟である。

生まれた子どもの脳は、前世の他者の〝記憶〟という〝情報〟を引き継いでいる、のだ。

言い換えると、死んだ人の〝記憶〟は、新たに生まれる生命に引き継がれた。

死者の〝記憶〟が入ると胎児は〝胎光〟を発する

胎児の脳の発達時に転写される

これまでに、解明された「生まれ変わり」メカニズムは、ほぼ次のようなものだ。

まず、〝魂〟とは端的に言えば量子の〝ふるまい〟である。つまり、「量子波」だ。

それは、当然、「周波数」と「エネルギー」を持つ。


——すべては「波動」である。「物質」は存在しない——

量子論の公理である。だから、人体を構成する「幽体」「霊体」だけでなく、「肉体」も〝波動エネルギー〟である。それは「周波数」という〝情報〟でもある。


「超弦理論」という量子力学の最新概念がある。

それは、量子は〝粒子〟でなく〝弦〟である、という。つまり、ツブ（粒）ではなく、ヒモ（弦）だという。わかりやすくいえば、〝ヒモ状の波動エネルギー〟だ。

それが、「周波数」で、〝記憶〟を伝播《でんぱ》する。

つまり、**〝魂〟＝〝量子波〟＝〝ヒモ状波動〟＝〝記憶情報〟**なのだ。

死後に生前の〝記憶〟が受け継がれる。その神秘は、ペンローズ博士（前出）が、「量子もつれ」で解明している。

「臨死体験」による「体外離脱」（幽体離脱）は、「量子もつれ」現象の典型といえる。

死後も記憶（量子波）は存在

「肉体」（こちら）の量子と、「外界」（あちら）の量子は〝ヒモ〟で結ばれている。

〝あちら〟は時空・次元を超えた宇宙の〝どこか〟に存在する。

その〝どこか〟こそが俗にいう〝あの世〟なのだ。臨死状態では、〝記憶（魂）〟は、幽体（量子波）となって、肉体から離脱する。この幽体は、量子テレポーテーションで時空を超えて自由に浮遊する。

「幽体離脱」体験者の話は興味が尽きない。

「地球が見えた」「未来を見た」「時間が戻った」などの体験は、「量子もつれ」の〝あちら〟の量子が時空を〝旅した〟結果だろう。

臨死から蘇生する。すると、幽体は肉体に戻り、「量子もつれ」は解消される。

肉体が消滅すると、幽体（量子波）は戻ることができない。

しかし、〝記憶〟は〝あちら〟（あの世）の量子波に残っている。

これは量子論「重ね合わせ」の同時存在論で説明できる。

つまり、「霊魂」不滅を、量子力学は鮮やかに立証するのである。

瞬間、胎児は〝光〟を発する

では――転生現象は、どのようなものだろう？

死者の前世記憶は、「外界」（あちら）に量子波（情報）として残っている。

物理学で解説するとややこしい。それを、昔の人は「霊」の一言で表現してきた。

ざっくり言えば、死者の生前〝記憶〟の残余エネルギーだ。このエネルギーが肝である。

あの世（霊界）をさまよう霊は、転生の対象を求めている。

そして、宇宙には次々に新しい生命が生まれてくる。

転生の現象はダイナミックだ。胎児は母親の子宮で育つ。そうして、脳が発達して来た妊娠後期に、異次元を浮遊していた霊の〝記憶〟が胎児の脳に移される。

これが、転生現象である。脳に記憶が入った瞬間、胎児の身体は、眩しい光を発する。これが〝胎光〟現象である。

まさに、それは神々しい生命の奇跡というしかない。

生体が光エネルギーを発することは知られている。その光こそ

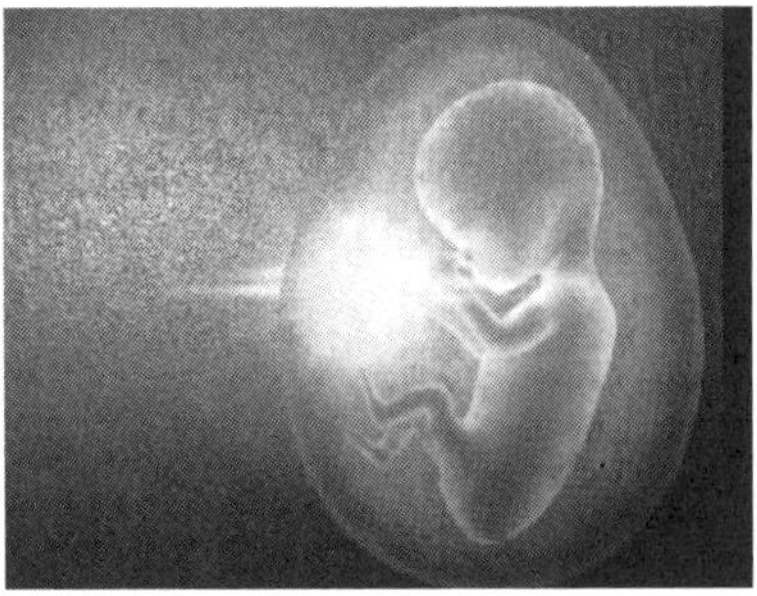

「幽体」（魂）が胎児に入ると「胎光」を発する

生命エネルギーそのものだ。オーラ現象などは、その典型だ。

記憶が「移行する」とは「転写する」ことだ。

一種のダビングである。

メッセーシュミットに撃墜されたパイロットの転生

非業の死は激しく記憶される

胎児に転写された「記憶」も、生まれた子どもに自覚されることは、ほとんどない。

前世の記憶は自我が確立する三、四歳くらいまでに消えてしまう。しかし、例外もある。

前世の記憶の持ち主が非業の死を遂げた場合がそうだ。

強盗に襲われた。惨殺された。そのような痛ましい体験は、死者の記憶も鮮烈だ。

わかりやすくいえば記憶を形成する「量子波」の振幅が激しい。

その分、激しい波動記憶が胎児の脳の記憶中枢に転写される。

前世を記憶する子どもたちは、突然、夜泣きする。そして、自分は「殺された」と恐怖を語ったりする。「自分は、××村で殺された○○だ」と実名を語る。調べてみると××村で○○が殺害された、記録が残っていた！　これは、まさに転生の客観的な証拠となる。

子どもが生前に起こった殺人事件を知っているはずもない。

さらに、幼児が、よその言語をしゃべり始める、という奇妙な現象も報告されている。これも転生の客観的証拠とされる。乗り移った人の前世記憶が言語として、幼児に残っているケースだ。

ポーランド兵が転生した!

わたしは驚愕的な転生例に出会ったことがある。

拙著『【倍音・共鳴・自然音】でなぜ病が癒え、氣が整ってしまうのか!?――スピーカー革命』(ヒカルランド)に記録した。

一部、引用する。

「……藤永潤氏。映像作家。カメラマンでもあり、その腕前は一流だ。年齢六一歳。彼は堰《せき》を切ったように話し始めた。『ボクはメッサーシュミットに撃たれて死んだんです』。それは第二次大戦中のドイツの戦闘機だ。『胸に二発食らった。即死じゃなかったから、対人機銃でしょう』。尋ねると、彼はポーランド空軍兵士で、祖国上空で侵入してきたドイツ戦闘機と空中戦をしていた。そして、二発の機銃弾を被弾。『はっきりと覚えています。あお向けに墜ちていく。ボクの視界に、スピットファイヤーの薄青の翼と三重丸のマークが眼に鮮明に焼き付いて

います。僚機が反撃に駆け付けたのです。『……頼むぞ……かたきを取ってくれ』。そこで、意識は途絶えた」（同書）

これこそ、まさに非業の死だ。あまりに突然の被弾。だから、ショックも記憶も激しく鮮明だ。ポーランド兵は無念だったはずだ。それだけ、〝記憶〟は魂（量子波）に激しく刻まれた。

瞬間を何度も夢に見る

「……藤永氏は、子どものころから、その光景を何度も夢に見る。それが中高年になった今でも、ありありとよみがえる。『実をいうと、今でも寝ていて、知らない言葉を寝言でしゃべるんです』。彼は〝自分〟が所属していた部隊も記憶している。さらに、搭乗していた戦闘機の機種も覚えている。一世代前の英国製ホッカーハリケーン。さらに、彼には変わった好物があった。『子どものときから、自分で牛乳にブドウジュースを混ぜて、なぜか『ポーランドジュースだ！』と名前を付けて飲んでいた。ところがある日、ある人から『それは、ポーランドのジュースだ』と教えられた。彼の肉体に転移したポーランド兵士が愛飲していたのだろう」（同書）

ドイツ機の機銃掃射で無念の死を遂げたポーランド兵士。彼は、その後、「幽体離脱」した。生まれる前の藤永氏に転生するまでに、一五、六年の年月がたっている。

そのあいだ、幽体（魂）は、どこにあったのだろう。「量子波」はテレポーテーションで時空を超える。それは、エーテル体、アストラル体……さらなる多次元空間でさまよっていたのかもしれない。

記憶の四割は非業の死

このポーランド飛行兵の例でわかるように、死んだ瞬間が衝撃的なほど、前世記憶も、転生者には〝衝撃〟として刻まれる。安らかな死を迎えた人の〝魂〟も転生しているのだろう。

しかし、その最後は安らかであった、ということは、その瞬間の〝魂〟（量子波）の周波数も振幅も穏やかなものであったはずだ。だから、生まれ変わった子どもの〝魂〟（記憶）にも残らない。

「転生」現象の研究者として名高いイアン・スティーヴンソン博士（後出）も「転生記憶」の四割は〝非業の死〟の記憶だという。

それは殺害された。転落死した……など。平和な死は平穏な波動（量子波）を残す。

しかし、無残な死は残酷な波動（量子波）を来世に伝えるのだ。

だから「前世の記憶がない」ということは、幸せなことなのだ。

〝死〟は周波数域の移動

デーヴィッド・アイク氏（前出）は、こう解説している。

「……〝死〟とは、別の周波数帯域（＝次元）に移行することである。〝死〟とは、限りある肉体という幻想から解放され、別の領域の現実に〈生まれ変わる〉こと。だから、恐れることはない」

戦死したポーランド兵の魂も、別の周波数帯域（あの世）に移行したのだ。

そして、母胎内で成長する胎児に偶然出会った。そして、〝記憶〟は脳に転写された。

そのとき、胎児は眩しく発光したはずだ。

「……生命体は、光を発している。強いエネルギーを発生するとき、もっとも強い光を発する。多次元空間にある魂が、胎児の『量子体』（幽体、霊体）と合体する。つまり、量子波と量子波の同化現象である。このとき、前者の〝意識〟（記憶）も後者の〝意識〟（記憶）に受け継がれるのだ。これが、『転生』現象だろう。これまで、オカルトとしてしか語られなかった。しかし、量子力学は、その魂の神秘にまで迫っている。『輪廻転生』『生々流転』などの概念は、宗教的なファンタジー、つまり形而上学的な観念論としてとらえられてきた。それを、現在は最先端科学が、じっさいにありうる現象として研究対象にしている」（『スピーカー革命』前出）

決定的な証拠文献『前世を記憶する子どもたち』

江戸期の転生例が契機に

『前世を記憶する子どもたち』（イアン・スティーヴンソン著　笠原敏雄訳　日本教文社）は必読だ。

「生まれ変わり」「輪廻転生」を学術的に立証している。まさに貴重な文献だ。

著者スティーヴンソン博士は一九一八年、カナダ生まれの精神科医。

「……一九三九年、マギル大学医学部を首席にて卒業。生化学、心身医学研究を経て、精神医学を志す。（中略）一九六〇年には『前世の記憶とされるものによる死後生存の証拠』を発表。（中略）生まれ変わり研究をライフワークとしたその契機となる論拠のなかには、江戸時代の当時八歳の少年・小谷田勝五郎のケースも含まれていた」（『ウィキペディア』）

日本の江戸時代の奇談が、博士のライフワークのきっかけとなったのが面白い。

――勝五郎は不思議なことを言い出した。自分は、隣村で六歳で死んだ藤蔵という子どもの生まれ変わり

2300人もの圧倒記録で「輪廻転生」を証明

だ、と言い張る。じっさい、同じ名の男の子が疱瘡《ほうそう》で急死している。摩訶《まか》不思議と近在では、一躍騒動となった。この顚末《てんまつ》を聞き付けた平田篤胤《あつたね》らが奇談として編纂《へんさん》した。さらに、それを元に小泉八雲（ラフカディオ・ハーン）が『リバース・オブ・カツゴロウ（勝五郎の転生）』というタイトルで英訳。一躍、この奇妙な事例は海外でも注目されることとなった。

さらに、スティーヴンソン医師はインドで転生例を探してフィールドワークをおこなった。そして、たちまち短期間のうちに二十数例を発見した。彼は、『前世を記憶する20人の子供』を出版、大反響を得る。自信を深めた彼が率いるチームは、東南アジアを中心に、綿密な調査行を敢行した。こうして、前世の記憶を持つとされる子どもたちの事例を約二三〇〇例も収集したのである。

その前代未聞の大掛かりな調査結果が、前出の一冊の本にまとめられたのだ。

学界はタブー中のタブー

これまで現代科学では「生まれ変わり」などと言おうものなら、嘲笑の嵐が襲ってきた。「輪廻転生」にいたっては「迷信の極み」と科学界から罵倒され、卑下された。

だから、現代では、世界のアカデミズムでは、これらの研究は一切タブーとされてきた。

それは、第6章の「魂」「臨死体験」などでも同じ。これらに触れるどころか、口にすることすら禁忌《きんき》とされた。学界で嘲笑されるくらいなら、まだましだ。それどころか、ほぼ確実に、〝トンデモ学者〟のレッテルを貼られる。〝トンガリ帽子〟をかぶせられるかもしれない。学者にとって、職場を追われることは〝死〟を意味する。しかし、タブーを犯した学者は追放されて当然なのだ。それは、知識人やジャーナリストも同じ。やはり、「陰謀論者」の札を下げられて、追放される。そんな憂き目を望む学者、知識人、研究者はいない。

かくして、真実は永遠に歴史の闇に葬られる……と思いきや、前出のペンローズ博士のような〝蛮勇〟〝正義〟の研究者が誹謗中傷を恐れず、堂々と自説を展開し始めたのが心強い。

「日本の情報を提供してください」

同じ意味で『前世を記憶する子どもたち』（前出）を執筆、出版したスティーヴンソン博士にも、その勇気に拍手を送りたい。

「……本書の出版がひとつの契機となり、前世を記憶する子どもの事例に対する関心が日本の科学者の間に起こることを心より願うものです。それと同時に、この種の事例（生まれ変わり）をご存じの方がおられましたら。調査が可能なように、ぜひ研究者にお知らせください。さらに、前世を記憶する子どもたちの例を私たちにもお知らせください。日本語でもかまいません」（I・スティーヴンソン　一九八九年五月九日　日本版序文　要約）

そこには、著者のアメリカ国内での連絡先が添え書きされていた。博士のさらなる研究への情熱が伝わってくる。これもまた、「霊魂」「体外離脱」などを真剣に研究考察したペンローズ博士に通じる熱意だ。

二三〇〇例超の研究結論——「生まれ変わりは存在する」

統計手法で転生の存在証明

スティーヴンソン博士は「序論」で、こう断っている。

「……本書が、『生まれ変わり』を直接、扱ったものではない、と知ったらガッカリされる方が一部にはおられるかもしれない」

つまり、個別の「生まれ変わり」の事例を深く掘り下げたものではない。

本書は、あくまで統計的著作なのだ。その理由は、理解できる。

一例、二例の「子どもの転生」例を紹介したところで、「それは特殊な例」の一言で片付けられてしまう。子どもの「生まれ変わり」という事例を発表したとする。しかし、既成学界では、大方は「荒唐無稽！」「ありえない！」の一言で門前払いを食らう。

そんな「権威主義」の「懐疑論者」たちを黙らせるには、数で勝負するしかない。

すなわち数例、数十例より、できるだけ多くの「生まれ変わり」の子どもたちの例を集めて、実証して突き付けるしかない。

だから、博士は、日本の読者にも通報、情報提供を求めているのだ。

「転生」研究に生涯を捧げる

こうして、博士たちの研究チームが世界中から集めた「生まれ変わり」の事例は二三〇〇例を越えた。これだけの標本母数は圧倒的だ。世界中のこれだけの「転生例」をしらみつぶしに調べ上げた。その聞き取り調査のフィールドワークは、想像を超える作業だったはずだ。

こうして、二三〇〇例超の子どもの転生例の研究報告が一冊の書にまとめられ世に出た。それは、比類のない研究結果だ。だから、類書は他にない。

日本語版の初版は平成二年二月二五日に刊行。それから、二六年で一七刷りとなっている。息の長いロングセラーとして読者に支持されている。

彼は、精神科医だ。しかし、「輪廻転生」の謎に挑む精神医学者など、彼をおいてはいない。まず、学界タブーに挑戦すること自体が無謀だ。

しかし、だからこそ彼のパイオニアワークは、貴いし、すごい。

その世界中からの反響もものすごかった。「輪廻転生」の実証など前代未聞。彼の研究が由緒ある科学誌、月刊『神経・精神病理学』に特輯《とくしゅう》記事として掲載されるや反響が殺到した。

世界中の科学者から論文別刷りを請求する手紙が、約一〇〇〇通も編集部に舞い込んだのだ。

スティーヴンソン博士は一九六八年、米ヴァージニア大学に超心理学研究室を開設。「生まれ変わり」に関する二五九本の論文と一五の著作を著す。二〇〇二年、同研究室の責任者を退任。その後も精力的に研究を続けた。膨大な「生まれ変わり」事例のファイルを残し、二〇〇七年、肺炎で逝去。享年八八歳。

発展途上国に多く、先進国に少ない理由は？

「転生信仰」の民族に多い

「……前世を記憶している、と主張する子どもたちは、特定の地域に行けば、容易に見つけだせる。それは、北インド、スリランカ、ビルマ、タイ、トルコ中南部、レバノン、西アフリカ、北アメリカ北西部といった地域である」（スティーヴンソン博士）
一瞥《いちべつ》すると発展途上国に「生まれ変わり」の現象が多い。それは、民族、伝承、宗教などが関わっているからだろう。たとえば、チベット民族のように、転生があたりまえ、と見なされている地帯では、当然、転生例は多く発見される。

しかし、近代化、つまり文明が発展してくると「転生などありえない」という〝常識〟が日常生活を支配している。すると、子どもの転生記憶は、より強く打ち消されてしまう。

そこでは、当然、ユングの唱えた集団的無意識も作用している。

転生などを〝迷信〟ととらえる集団意識は、じっさいに存在する「生まれ変わり」の記憶を打ち消す方向で働くことは、容易に想像がつく。

「タブー視」の地域は少ない

スティーヴンソン博士も、転生例が多く発見される地域の特徴を述べている。

そのひとつが「転生信仰」の存在だ。

転生例が多い国や地域の「明らかな共通点は、事例が高率で報告されるとともに、生まれ変わり信仰が見られるという事実である」（同）

転生信仰がある民族なら、生まれ変わりは、むしろ吉事としてとらえられる。そんな精神風土なら、生まれ変わりを体験した幼児も、のびのびと前世記憶を語るだろう。それは、家族や近在に祝福してもらえるからだ。

しかし、逆もありうる。転生を不吉な現象と見なす地域では、転生記憶のある子どもたちも、口を閉ざすのはいうまでもない。

さらに、わが子の転生記憶を耳にした父母たちも、それを秘密にするはずだ。

スティーヴンソン博士は、これを「内密例」と呼んでいる。

それどころか、これら抑圧を感じた幼児は、沈黙を保つ。

文明国家では、「生まれ変わりなどありえない」という先入観にとらわれている。

その〝思い込み〟が、前世を記憶する子どもたちへの圧力となるのだ。

「……西洋諸国のような文化圏で、とくに発生しやすい。そういうばあい、こうした（前世記憶の）子どもの両親は、『自分の子どもが愚にもつかないことを口走っている』とか『嘘をついている』とか思うかもしれない。『黙らせよう』とすることも少なくない」（同）

生まれ変わり事例に見られる不思議な現象

知らない外国語をペラペラ!?

幼いわが子が、聞いたことのない言葉を、しゃべり始めた！

両親は、びっくり仰天して耳を、眼を疑うだろう。スティーヴンソン博士は、これら転生の子に起こる現象を「真性異言」と命名している。それは「ごく一部のものが示す『習った事のない外国語を話す』能力のことである」（同）。

これは、もはや「生まれ変わり」は決定的だ。

「……人間の死後生存を裏づける重要な証拠となる」（同）

しかし、このような事例は、やはり少ないようだ。なぜなら、幼児が前世記憶を話し始める平均年齢は三歳二カ月。これほど幼いと基礎的発音すらままならない。だから、前世の外国語を知っていたとしても、発声能力がついていかない。そんなケースが多いのだろう。

ただし、前世記憶が成人してからも続く人は、違う。

第二次大戦中に戦死したポーランド兵が転生した、藤永氏（前出）は、六一歳になった今でも、メッサーシュミットに撃たれた瞬間の悪夢にうなされ、ポーランド語で叫んでいる、という。

不思議な五つの特徴

スティーヴンソン博士は、おびただしい前世を記憶する子どもたちの記録を全世界から収集してきた。そして、まぎれもない「生まれ変わり」事例を判定できるケースを「完全型」に分類している。

「完全型」の前世記憶には、不思議な五つの特徴がある。

それは（1）死後予告、（2）予告夢、（3）母斑《ぼはん》（あざ）等、（4）記憶行動、（5）前世識別。

（1）死後予告：ある一人の人物が不思議な予言をする。

「私は死後に、もう一度この世に生まれ変わる」と予言する。さらに「どんな両親、どんな場所で生まれ変わる」と明言することも珍しくない。

「……その後、本人が死亡し、ついで誰かが、それは遺族とは限らないが、夢を見る。それは、亡くなった故人が、ある家族のもとで生まれ変わる夢を見る。この子が生まれると、故人の身体についていた傷などの目印と一致する母斑（あざ）や先天的欠損が、生まれた子の身体にもあることに気づくのである」（同博士）

それだけではない。

「……その子どもは、口を利くようになるとまもなく、その故人の生涯を（初めは断片的に、次第に詳細に）物語るようになる」「その子は家族の中では変わっている」「故人が行った行動と同じような行動を見せる」

「……チベット人や北米の北西部に居住するトリンギット族というふたつの民族では、この種の事例（死後予告）が、かなりの頻度で見られる。トリンギット族では、前世の人格が生前に、来世の両親を特定している事例は、四六例中一〇例（二二％）にのぼっている」（同博士）

ふつう「死後予告」などありうるのか？　と思う。これは、「量子もつれ」の一方の「量子」

が未来にテレポーテーションした結果であろう。そこで、来世を〝見て〟予告するのだろう。

(2) 予告夢：これは転生する子どもが見るのではない。関係者が夢を見る。

「眼の前に死者が現れ、『生まれ変わりたい』と言う。あるいは『生まれ変わる』と意志を示す」

そんな夢を見る。博士は、そんな「予告夢」を見る例は少なくない、という。そんな予告夢を見るのは「たいてい既婚女性で、生まれ変わってくる子どもの母親になる」(同博士)。

そういうケースが普通に起こるという。不可思議なことに、本人が生まれる前、時には、その子の受胎するより前に、予告夢を見るという。

「……一二例中五例で、このような夢が観察されている」(同博士)

この予告夢は、生まれ変わり事例が見つかるすべての国で報告されている。

これも、量子テレポーテーションによる未来視により説明できるだろう。

(3) 身体特徴：生まれ変わった子どもが、前世人物の身体的特徴や先天的欠損などを持って生まれるケースが多い。たとえば、母斑(あざ)や傷跡などが一致する。

「……また、一部には、本人の持っている疾患が、前世の人物が持っていた疾患と一致する場合もある」(同博士)

博士は、正確を期すために前世で亡くなった死者の検死記録まで精査している。

「私は、子どもの記憶と符合する故人の検死所見その他、傷跡に関する医学的記録を入手することにより、この難点を克服した事例を三〇例ほど持っている」

つまり、故人の身体特徴を受け継いだ子どもたちが三〇人に上った、ということだ。それは「故人の背中に母斑（あざ）があったら、転生した子どもにも同じ場所に母斑（あざ）があった」というケースだ。これは、どう解釈したらいいのか？

転生で引き継がれるのは〝記憶〟だけではない、ということだ。身体的特徴を決定づけるのはDNAだ。〝転生〟ではDNA情報も〝記憶〟として伝えられるのだろう。

（4）発言、言語：「前世の記憶を持つ子どもが、初めてその話をするのは、二歳から五歳までの間がほとんどである」（同博士）

当然、まだまだ言葉もあまりしゃべれない。

それでも、幼子は必死で前世の記憶を伝えようとする。

「……それでも、一部には、心に内在するイメージを的確に伝える言語能力が出現する以前に、前世の話を始める子どももある。それほど早期に話し始める子どもの場合、発音をまちがえたり、乏しき語彙《ごい》を身振《みぶり》でおぎなったりすることが多い。困惑した両親の乏しい理解力では、子どもの言っていることが、わかるまでに一年以上かかるかもしれない」（同博士）

「それでも、言葉が次第に発達するおかげで、本人が描き出そうとする前世の全体像が次第に明確になってくる」（同）

博士がインドでの転生、二三九例を分析した結果、前世について語り始める平均年齢は三歳二カ月だった。そして、アメリカの七九例でもやはりは三歳二カ月。不思議な符合だ。

(5) 人物・物品の識別：「前世の人格が、よく知っていた人物や場所や物品を本人(子ども)が見分けた、という証言は、多くの事例に見られる」(同博士)

これもまた、生まれ変わりの決定的証拠といえる。

「……このようなことは、その子どもの両親が前世の家族のもとへ本人を連れて行った時や、子どもの話を聞き付けた前世の家族が本人に会いに来たときに起こるのがふつうである」(同)

本来知らないはずの名前を言い当てる。それも、転生の証拠となる。

「……インドのジャスビール・シンの例。ビルバル・シンという男性がジャスビールのいる部屋に入ってくると、本人(子ども)は自分のほうから『どうぞ! 〝ガンジージ〟』と声をかけた。そこにいた人が『この方はビルバルさんだよ』と言うと、『ぼくたち、この人を〝ガンジージ〟と呼んでいるよ』と答えた。ビルバル氏は、確かに〝ガンジージ〟と呼ばれていた。耳が大きくて、風貌がマハトマ・ガンジーに似ていたからだ」(同)

――このように、転生の事例は多彩で深遠である。さらなる研究が待たれる。

第8章

宇宙も、時間も、空間も、われわれの想像を超えている
——タイムマシンも、テレポーテーションも、ありうる

「空間」とは何か？　「時間」とは何か？

幽体（魂）は時空を超える

「空間」とはいったい何だろう？

こんなことを本気で考える人は、ほとんどいない。「時間」についても同じだ。

しかし、科学者たちは、日夜、真剣に考えている。凡人から見れば「ヒマ人だなあ！」と呆

れるしかない。しかし、本書のテーマ「幽体離脱」を考察するとき、「空間」と「時間」について、考察せざるをえない。

なぜなら、「幽体離脱」体験者ならわかるが、「肉体」から離脱した「幽体」は、「空間」を超えるからだ。

それだけではない。「幽体離脱から戻ったら、時間も二六時間戻っていた！」という不可思議な体験者もいる。

「幽体離脱」は「時間」すら、超えるのだ。

だから、「肉体」から離れた「幽体」（〝魂〟）が超えてしまう「空間」「時間」とは、何か？　を考えざるをえない。

SF小説を楽しむ気分で！

こころみにYouTubeで「時間」「空間」と検索してみるとよい。

驚くほどの情報量にあぜんとする。

「時間と空間の謎」「宇宙時空超越の旅」「時間の正体」……などなど。

面白いのは、「時間は存在しない」という書き込み、投稿がじつに多い。

「時間が存在しない？」

またもや、頭がクラクラしてくる。それどころか「空間も存在しない」という説もある。

たとえば「量子重力理論――時空間は存在しない」（YouTube：イチゼロシステム）

さらには、「この宇宙は投影された〝映像〟」（YouTube：Takumi量子論）

ここまで来ると、時空は〝映像〟つまり〝幻想〟にすぎない、ことになる。

つまりは……ナニガナニヤラ……である。

これら時空論は、絶対論とはいえない。

論理的（物理的）に考察すると、こう考えるしかない。そういう論考なのだ。

だから、頭と肩をもみほぐして、SF小説を楽しむくらいの気分で、読み進んでほしい。

「フーン、そんな考え方もあるんだ」「ちょっとヤバイ発想じゃないの！」

それぐらい、突っ込みながら、〝時空の旅〟を楽しんでほしい。

「絶対光速の崩壊」「量子もつれ」「重ね合わせ」……

「空間」概念は崩壊する

これら時空を論じるには、やはり量子力学が不可欠だ。

そして、量子論に目覚めた人が、まず最初に戸惑うのが光速絶対論の崩壊だ。

アインシュタインは「光速を超えるものは存在しない」と唱えた。しかし、量子力学で発見された量子ニュートリノは、光速を超えることが立証されている。

さらに発見された「量子もつれ」は、それ以上にやっかいだ。

対の量子の一方が変化すれば、同時に他方も変化する。両者は一m離れていようが一億光年離れていようが同じ。……一億光年（絶句）。一mも一億光年も同じ……？

「わけがわからない」。頭をかきむしって叫ぶしかない。

ここで、われわれの「時間」と「空間」の概念は崩壊する。

さらに、やっかいなのは量子力学の「重ね合わせ」理論だ。

Aという場所にいる量子は、同時にBという場所にも存在する。

「何のこっちゃ？」

さらに頭をかきむしる。髪の毛が抜けてしまいそうだ。

たとえばある人が東京にいる。と、同時にニューヨークにもいる。

量子テレポーテーション

ここまで聞いたら頭が完全におかしくなってしまいそうだ。

だから、アインシュタインは叫んだのだ。「インチキだ！」

彼の気持ちはよくわかる。わたしも叫びたい。「ペテンだ！」

しかし、これらの量子力学の理論は、数多くの実験で証明された、という、三人もの学者が二〇二二年、量子力学の研究でノーベル賞を受賞したのも、その業績によるものだ。

そして、決定的なのが「テレポーテーション」現象だろう。

「量子もつれ」と同様に「量子は瞬時に移動する」。それも、「時空を超えて！」。

こうなると何でもあり。これまでの「時間」と「空間」の概念が完全崩壊してしまう。

それは、われわれが住んでいる「時空間」が崩壊する……ということだ。

だから、先述のＳＮＳ投稿動画は「空間はない」「時間も存在しない」と言っているのだ。

つまり「現実」に見える世界は、「仮想空間」という結論となる。

つまりは、「現実」は「幻影」というＳＦホラーのような話だ。

ワープ航法、瞬間移動、タイムマシンも可能に

すべては一瞬で可能に！

すべてが「幻影」なら「一ｍ」も「一億光年」も関係ない。

しかし、理論的にこの世は、「仮想空間」であっても、今、生きているわれわれにとっては、

「現実空間」（リアル）なのだ。

その中で、量子力学をどう解釈し、使いこなしていくか。

「量子もつれ」「重ね合わせ」「テレポーテーション」に共通するのは、量子が瞬時に時空を超える、という点だ。

そして、最新「超弦理論」によれば、量子は粒子でなく〝弦〟だという。

これなら「波動」「粒子」二つの性質を合わせ持つことができる。これが、「量子波」の正体だ。そして、われわれ人体も「肉体」「幽体」「霊体」の三層構造だ。

それは、「量子波」（弦）で構成されている。それは、波動〝情報〟の総体だ。

「量子波」がテレポーテーションで瞬間移動する。

「遠隔医療」「宇宙旅行」……

なら、人間の気エネルギーを送ることも可能だ。これが「遠隔医療」（遠隔気功）だ。

人体のテレポーテーションも理論的に可能となる。「肉体」「幽体」「霊体」の三層構造を量子波として一気に送る。

それは時空も超える。ならタイムマシンも可能となる。

エイリアンたちの地球への飛来は、テレポーテーション理論を使った〝瞬間移動〟によるものだろう。ＳＦ映画で登場するワープ航法だ。ＵＦＯにアブダクトされた人が瞬時に彼らの母星に連れて行かれている。まさに、テレポーテーションによる瞬間移動だ。

そこに、われわれが認識する物理的空間は存在しない。

一枚の紙を曲げて両端をくっつければ距離はゼロだ。

テレポーテーションは、この奇妙な現象を現実にするのだ。

地球にやって来る宇宙人の持つ最高レベルのテクノロジーが、この「テレポーテーション技術」だろう。そして、人類はすでにエイリアンから学んで、テレポーテーション装置を完成しているようだ。

「ペガサス計画」人類はすでに火星に行っている

六〇年代、タイムマシンは完成

「惑星移動」「タイムトラベル」を人類は、すでに完成していた。

こういうと、トンデモ話として爆笑が返ってくるだろう。

ところが、これはどうも事実のようなのだ。

「……人類はすでに火星に行っている」という驚愕の内部告発がアメリカで行われた。

それを実行したのがアメリカの極秘プロジェクト「ペガサス計画」だ。

二〇一二年一月、驚天動地の内部告発を行ったのは複数の人物たちだ。

それも、地位も名誉もある重要人物ばかり。

その一人がアンドリュー・バシアゴ博士。彼は一流大学で複数の学位を修得し、環境生態学者としても名高い。

「タイムマシンは存在する」A・バシアゴ博士

多数の論文を執筆し、環境保護の弁護士としても活動している。極めて社会的に信用の高い学者である。

バシアゴ博士の告発は、じつに具体的だ。

オバマも火星に二度行った

「……アメリカ軍産複合体が極秘裏に進めてきた『計画』が存在する。それがタイムトラベル／火星テレポーテーション『ペガサス計画』だ。遂行したのはDARPA（国防高等研究計画局）とCIA（米中央情報局）。一九六〇～七〇年代に、この極秘タイムトラベル実験に成功している。アメリカは、この技術を用いて、すでに月や火星に瞬間移動している。さらに、火星

に秘密基地を建設している」（同博士）

さらに、内部告発はより驚愕させられる内容となる。

「……オバマ大統領も二〇歳頃、実験要員として参加。火星にテレポート（瞬間移動）している。火星には、生命も存在する。地球生物に似た高等生物もいる。また、レプテリアン（爬虫類型宇宙人）がいて、今も、地下都市で大挙して居住している」（同）

博士の勇気ある告発に、何人もの実験参加者も証人に名を連ねている。

リンカーン大統領の演説会場へ

衝撃の内部告発を行ったバシアゴ博士は、自らも少年時代に実験参加し、タイムトラベルを体験した、という。彼は一八六三年、有名なリンカーン大統領ゲティスバーグ演説を見届ける任務を与えられ、一九七二年の時代から過去に送り込まれた。

バシアゴ博士は、二〇〇三年、偶然にも古雑誌にゲティスバーグの聴衆を写した写真に感動する。

なんとタイムトラベルした少年時代の姿が写りこんでいたのだ。

彼自身が「ペガサス計画」に参加しているだけに、体験談もリアルだ。

一九七二年、過去への時間旅行の出発地は、ニュージャージー州スーストハーバーの軍事科学施設内の時空実験室だった。

それは、後に〝ジャンプルーム〟と呼ばれるようになる。

バシアゴ少年が乗り込んだのは「量子置換装置」だった。まさに、量子テレポーテーションを利用していることがわかる。その体験は激越なものだった。

「……私は、量子密閉高圧空間のコハク色の深淵《しんえん》内で枝分かれする一連の〝ワームホール〟の中を、猛烈に勢いでなだれ落ち続けた。途中で私の靴はもぎとられ、私は、ほとんど方向感覚を失って、異常な興奮状態に陥ったまま、ゲティスバーグ北西の道路ぎわに突然、ポンと飛び出した」

（博士のフェイスブックより）

では――。どうして、彼は過去から現在に戻れたのか？

「……写真の中で立っていた数分後、自分を過去に送り込んだ〝プラズマ密閉室〟の〝量子効果〟が切れて、気がついたら、〝ジャンプルーム〟に戻っていた」

1863年にタイム・トラベルしたバシアゴ少年

成長した彼は、『ペガサス計画』の存在を世に知らせるために、一〇年にわたって同計画の調査を進めた。そして、こう結論づける。

「……すべての『時空トラベル技術開発の原点は、天才発明家ニコラ・テスラに帰するのです」

大統領の曾孫も内部告発

「……私も火星には三回行った。そこで、若き日のオバマ大統領に会いましたよ」（バシアゴ博士）

オバマは当時一九歳。彼は一九八一年から八三年の間に、二回、火星を訪問している。役割は火星人との交渉にあたる〝親善大使〟だった。

パシアゴ博士の隣で告発者に名を連ねた一人の女性弁護士。ローラ・マグダリーン・アイゼンハワー。彼女は、なんとアイゼンハワー三四代大統領の曾孫娘。メディアに実名、顔出しで訴えている。

「政府や米軍は真実を隠蔽している。これは許されない。『ペガサス計画』には莫大予算が投入されている。これは納税者が負担したものだ。なのに、国民には一切、極秘とされている」

さらに、ローラさんは断言する。

「……宇宙人の協力がなければ、この火星移住計画は成立しません」

「宇宙人の協力」……？　彼女は曾祖父アイゼンハワーがノルディ

アイゼンハワー元大統領の曾孫が告発！

ック（北欧型）とグレイ型、二種族と会談した事実も認めている。「ペガサス計画」自体が宇宙人から得た「量子テレポーテーション」技術で遂行されたのだから、当然だ。

〝スターゲイト〟二〇四五年へ！

時空旅行実験には、バシアゴ少年以外に何人も少年少女が要員として選抜されていた。それは身体が小さいので小型実験装置に収まる、という理由だった。また、成人は、時に精神異常を起こしたりしたが少年少女の心は白紙であることも理由の一つだった。ただし、実験がすべて成功したわけではない。タイムトラベル中に失踪したり、時間のずれで両足が切断された、という悲惨な事故も発生している。

バシアゴ少年は、その他、一定の場所から他の場所へ、瞬間移動（テレポート）する実験や、〝スターゲイト〟と呼ばれる装置から二〇四五年の未来にタイムトラベルを体験している。

博士らの衝撃報告に、アメリカ政府は慌てて否定し、そして、沈黙した。

その異常な沈黙は、今も続いている……（月刊『ムー』2012年8月号参照）。

「私は許さない！」(ローラ・アイゼンハワー)

● 曾祖父は宇宙人と面会した

ローラ・アイゼンハワー（前出）は、悪魔勢力と戦う女戦士だ。

曾祖父アイゼンハワー大統領も、退任時に「軍産複合体が、わが国を乗っ取ろうとしている」と、"闇の勢力"の台頭に警鐘を鳴らしている。

ローラは、動画で全世界に訴える。（2020年4月）

――私はアイゼンハワー家の一員です。曾祖父は八年間、大統領職を務めました。

私は、子どものころから、曾祖父とはテレパシーで霊的につながっていました。

彼は、地球外生命体（エイリアン）と面会しています。相手に悪意があろうと、善意があろうと、へだてなく、あらゆる種の宇宙人と会って

人類と宇宙人の間に生産的なパートナーシップを確立することでありました。

宇宙人と会談していたアイゼンハワー元大統領

第8章　宇宙も、時間も、空間も、われわれの想像を超えている
――タイムマシンも、テレポーテーションも、ありうる

きました。

米国政府にはさまざまなプロジェクトがあります。その中でも、最も権力中枢にあるのが極秘「宇宙計画」です。莫大な血税が「秘密計画」に注がれてきました。〝かれら〟は国民をだまし続けてきた。しかし、これからは、うまく行くはずありません。

すべては国民が決める。偽プロジェクトは、もう終わりです。

コロナ、ワクチンは生物兵器

ビル・ゲイツよ！　カバールの連中よ！　新世界秩序（NWO）を企む者たちよ。

あなたたち（レプテリアン）は、ドラコニアンと協力し、人類を遺伝子操作し、労働奴隷にしようとする。さらに、AI（人工知能）とトランス・ヒューマン（頭脳改造）を武器にする。

おまえたちは混合種アヌンナキの子孫だろう。その正体は寄生虫であり、吸血鬼だ。

人類のDNAを破壊し、人間を喰らい、血液をすする。

そして、ナノテク、気象兵器、ケムトレイルなどで人類を攻撃している。

悪魔と契約し、人類を操り、虐待し、世界を支配し、奴隷化してきた……。

もはや、人類の健康や生命を侵すことは絶対許さない。そんな権利はどこにもない。

――コロナ偽パンデミックやワクチン――。

これらは生物兵器だ。ワクチンの目的は監視と統制だ。大衆コントロールだ。それは生命に反する悪意だ。私はぜったい許さない。

もう許さない、逃がさない

おまえたちは、人類をフェイクニュース、偽旗《にせはた》作戦、洗脳（マインドコントロール）、暗黒技術（ダークテク）で、支配してきた。私は、これら悪事をすべて暴いていく。

その陰謀は、自由意志の侵害だ。宇宙や自然法則の蹂躙《じゅうりん》だ。

われわれは、それを許さない。……虚偽、欺瞞、邪悪な腐敗、犯罪……。

もうこれからは、企みどおりにはいかない。われわれに対する支配も許さない。

おまえたちは、カルマ（宿業）のループに絡め取られている。

もがいても無駄だ。もう逃げ切れない。そして、私たちは逃がさない。

（以上、要約）

第9章

「闇」の宇宙人〝レプテリアン〟と「光」の宇宙人たち

――神話は現実に、SFは科学に！　すべてが眼前に出現する

爬虫類型の宇宙人は地球と人類を乗っ取った

太古に飛来したレプテリアン

「……超古代の時代から地球には、何種類かの、高度に発達した文明を持つ異星人が来ていた」（デーヴィッド・アイク著『マトリックスの子供たち〈上〉』ヒカルランド）

わたしは、アイク氏を現代地球で最高レベルの思想家として畏敬《いけい》する。

レプテリアン（爬虫類型宇宙人）の存在を、歴史上、最初に指摘したのも彼だった。

当初は、母国英国でも嘲笑にさらされた。

しかし、今や彼をあしざまにいう人は、もはや誰もいない。

彼こそ、人類を闇から光に導く、希望のリーダーなのだ。

彼の語るレプテリアンとは、つぎのような存在だ。

「……最初、彼らは地球を観察した。それから、アトランティス大陸、ムー大陸に、文明を構築した。そして、最後に、レプテリアン（爬虫類人）型の異星人（アヌンナキ）は、地球に定着して秘密結社を造り、地球先住民を彼らの奴隷、もしくは彼らの家畜人間として使役した」（同）

――つまり、レプテリアンは太古の地球に飛来してきた異星人の末裔《まつえい》なのだ。

先住民（人類）は、当時から〝やつら〟の奴隷だった。

「……アトランティス滅亡後の西暦前一万年から紀元前五〇〇〇年までの間に、何が起こったのか？　その歴史を記述した文書は、キリスト教会によるアレキサ

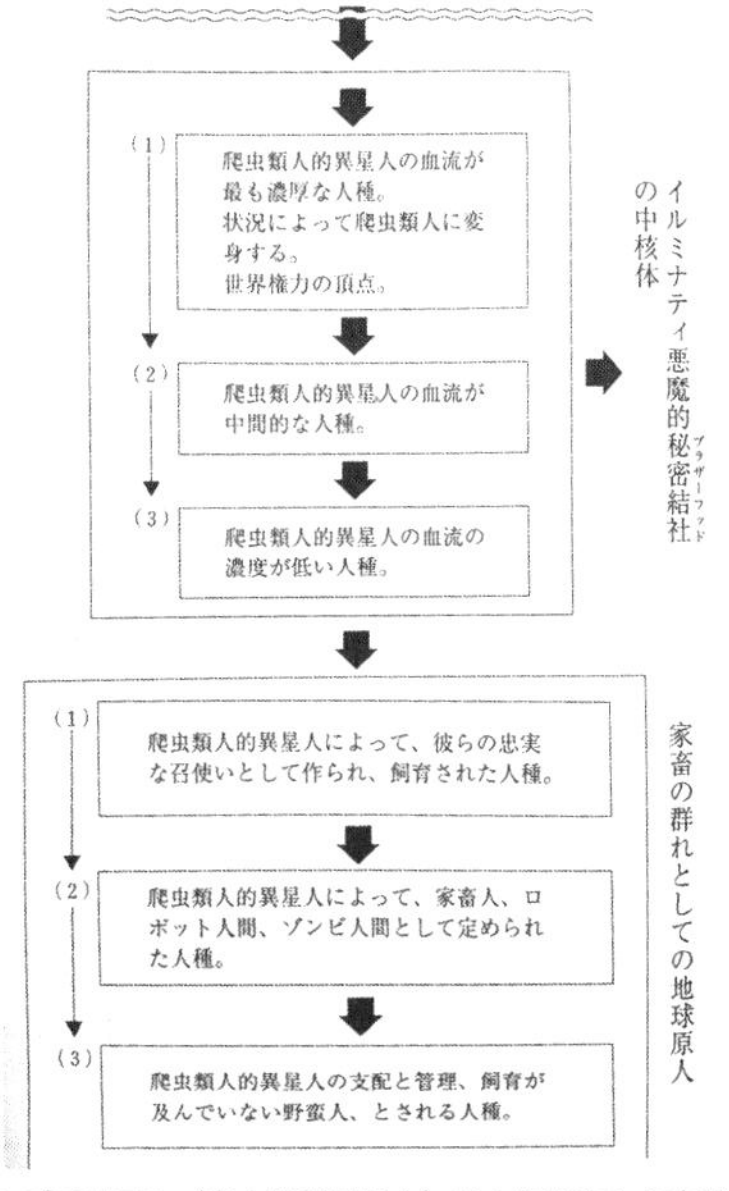

イルミナティ悪魔的秘密結社《ブラザーフッド》の中核体
(1) 爬虫類人的異星人の血流が最も濃厚な人種。状況によって爬虫類人に変身する。世界権力の頂点。
(2) 爬虫類人的異星人の血流が中間的な人種。
(3) 爬虫類人的異星人の血流の濃度が低い人種。
家畜の群れとしての地球原人
(1) 爬虫類人的異星人によって、彼らの忠実な召使いとして作られ、飼育された人種。
(2) 爬虫類人的異星人によって、家畜人、ロボット人間、ゾンビ人間として定められた人種。
(3) 爬虫類人的異星人の支配と管理、飼育が及んでいない野蛮人、とされる人種。

レプテリアン（爬虫類型異星人）は人類を裏から支配

ンドリア大図書館破壊によって失われた。それは、断片的な伝承、遺跡、シンボル、神話のうちに痕跡を残している」（同）

人類史よりも古くから、地球原人を背後から操ってきたことに、驚かされる。

前ページの図は、レプテリアンによる地球人の重層的な支配構造だ。

〝蛇のカルト〟と英国王室

「……世界最大秘密結社フリーメイソンは、〝蛇のカルト〟の隠れ蓑《みの》である。しかし、メイソンのメンバーの大部分はそのことに気づいていない」（アイク氏）

〝蛇のカルト〟は、秘密結社と同時に、王族たちも支配下に置いた。

「……王冠（クラウン）は、レプテリアン血流のシンボルであり、悪魔教の高位階を表すのに使われる。黒い聖母は『天の女王』とも呼ばれ、これら処女母は、すべて鳩で表される。英国王室のシンボルである王冠、鳩、ライオンなどはすべて、今日も権力を握っている〝蛇のカルト〟のシンボルなのである」（同）

〝かれら〟は、邪魔者は、迷うことなく殺していく。

「悲運の〝交通事故〟死をとげたダイアナ元皇太子妃は、〝蛇のカルト〟（イルミナティ）による生け贄殺人である」（同）

つまりは、現在の英国王室と、さらに英国国家そのものが、古代バビロンに由来する〝蛇のカルト〟の所有物であることを意味している。

デーヴィッド・アイク氏には、レプテリアンそのものの存在を暴いた著書もある。

『竜であり蛇であるわれらが神々〈上下〉』（徳間書店）

「……ムー。レムリア、アトランティスの文明を破壊し、記録から消し去った歴史の操作者は爬虫類人である。研究者の意見や目撃者の証言、古文書の分析などから、爬虫類人の起源や歴史、宗教、儀式、人類支配の構造に迫る」

古代天皇たちの姿も龍とヒトの混血だった……

「逆鱗《げきりん》に触れる」とは？

英国王室だけではない。レプテリアンは、地球上すべての王室を支配してきた。

いや、地球社会の地下に潜んで血脈を伸ばしてきた〝かれら〟こそが、地球全土で、地上の王国を築いてきたのだ。

それは、日本の天皇家も例外ではない。

日本では、古来から「逆鱗に触れる」という故事がある。

それは「高貴な人の怒りを買う」という意味で使われる。

しかし、わが国では古くから「天皇にはウロコがあった」などと伝えられる。

だから、文字どおり、御付きの者がうっかりそのウロコに触れて、怒りを買ったことに由来しているのだろう。

古書に残る歴代天皇の容貌は、まさにレプテリアン（爬虫類型異星人）そのものだ。

『先代旧事本紀大成経』などの古文書に描かれている歴代天皇の姿は、ただただ驚くべき姿だ。

そのグロテスクでおぞましい姿を活写したのが『神武の正体は爬虫類人《レプティリアン》!?』（コンノケンイチ著　ヒカルランド）。

ちなみに、よく知られている「尾籠《びろう》」という言葉の起源も面白い。

いわゆる「下半身に関する、人前では憚《はばか》ること」という意味だ。もともと古来の天皇らは鱗の生えた尾があった、という。天皇が部屋を出たとき、侍女が早目に戸を閉めて、尾を挟んでしまった。そこで天皇が「尾籠なり！」と怒ったことが由来といわれている。

どう見ても龍のお姿なり

――記録に残るその姿は、ただただ驚嘆しかない。
神武《じんむ》天皇：背丈は約三m一五cm。胴回りは、両手を伸ばして、ひとかかえの長さに、約一五cm

を足した長さであった。頭には約九cmの角が二本あり、それはまるで雪のような色をしていた。背中には龍のような背びれがあり、その長さは一m二〇cmもあった。尾の裏側には、大きな鱗《うろこ》が、七二枚あった。一〇五歳の時に皇太子の位についている。

綏靖《すいぜい》天皇：身長は三m。眼は黄色に光り、まるで水星のような輝きを放っていた。背中に鱗があり、怒るとそれが逆立った。武術も勝り、臣下は軽々しく物も言えなかった。

孝霊《こうれい》天皇：生まれながら容姿は他人と大きく異なっていた。顔は龍のように長かった。耳は逆立ち、後ろには白い鱗があった。胸にも九枚の鱗があった。身のこなしは俊敏でどんな遠いところも出向いた。

崇神《すじん》天皇：背丈は一m九〇cm。額に一〇cmほどの角が一本。下顎の歯は長く鋭利だった。上顎の歯は短く丸く、舌は長くて鼻まで届いた、という。

応神《おうじん》天皇：背丈は二m九〇cmもあった。顔の真ん中の角は、天に向かって、まるで矢をつがえたかのようだった。胸には七二本の青い毛が牛の尾のようだった。

レプテリアンでなくドラコニアン？

――以上、どう見ても龍とヒトが合わさったかのような異様な外見、風貌だ。

神武天皇の祖母にあたる豊玉姫は、出産するとき「サメのような異形で奇怪な姿に変貌していた」という記録が残されている。

これまでの異形の記述を読めば、日本の古代天皇はレプテリアンだと思ってしまう。

「……ただ、混乱があるのは、（これら）龍系の宇宙人と、レプテリアンとは一緒ではなく、別の宇宙人です。（古代天皇など）龍神系はドラコニアンと呼びますけど、彼らは人々を守り、レプテリアンと戦う者とされています。爬虫類型宇宙人レプテリアンは、人類を〝食料〟にしてしまうような凶暴な種族が多いですが、龍神型宇宙人は、人間とも共存するものたちです」（『ameblo.jp』「神武天皇は宇宙人だったのか？」）

そうなると、古代の天皇家は、爬虫類型宇宙人と覇権争いで勝ち残った「光」の側の宇宙人ということになるのだろうか？　ドラコニアンはより凶悪という説もあり真相は定かではない。

〝シェイプ・シフト〟突然の変身に凍り付く

突然変身〝シェイプ・シフト〟

デーヴィッド・アイク氏は、爬虫類型宇宙人の支配を五つに分類している。

（1）爬虫類型レプテリアン：闇の奥から支配。人類の前に現れることはほとんどない。

(2) 人間の格好をした異星人：異星人と地球人の混血。つまり、異星人の血統の地球人。
(3) 異星人の制圧下の人間：異星人の血は入っていないが、それに仕えるエリート。
(4) 牧羊犬（シープ・ドッグ）：羊（人間）を監視する番犬の役割を果たす（五％）。
(5) 管理される羊の群れ（シープル）：羊（家畜）として飼われる一般人（九五％）。

世界を実質、支配しているのが（2）人間の格好をした異星人。普段は、まったく人類と変わらない。しかし、突然、爬虫類型宇宙人に変身することがあり、周囲を驚かせる。

これが〝シェイプ・シフト〟（変身）だ。これは、初めて目撃した人は驚天動地だろう。悪夢を見たような思いがするはずだ。

デーヴィッド・アイク氏は、さまざまな〝シェイプ・シフト〟目撃証言を何百と収集した。そして、レプテリアンに突然の変身が起こる、という結論に到達した。

審判の舌が伸びて鼻ペロリ

それは一瞬で起きる。たとえばわたしがアメリカ大統領不正選挙を取材していたときのこと。女性のペロシ下院議長の演説動画を見ていて、凍りついた。

画面にアップとなったペロシの片方の眼が一瞬白目を剝いて、黒目が縦になった。それは、まさにトカゲや蛇の眼だ。一瞬の眼の変化は、続いてすぐ元に戻った。

しかし、全米で議会中継を見ていた人たちは、度肝を抜かれたはずだ。

人間型レプテリアンの〝変身〟は〝本人の意思〟とは関係なく、突然起きるようだ。

つまり、レプテリアン人間も、突如の〝変身〟はコントロール不能なのだ。

携帯などの普及で、〝シェイプ・シフト〟の奇怪動画もSNSにアップされている。

画面に向かってしゃべっている金髪美女の瞳が急に縦長に！

これにはドキッとする。また、サッカー試合の中継画像で、突然、審判の男性に異変が……。

突然、彼の口から真っ黒な長い舌がニューと伸びて、自分の鼻の先をペロリとなめた。

目前で目撃したら、絶叫モノだろう。

アイゼンハワー大統領と宇宙人との極秘会談

五〇年代に始まる頂上対話！

「――一九五〇年代前半、当時のアイゼンハワー大統領は、宇宙人との最初の会談を行っている。一回目の会談相手は、『ノルディック型』と呼ばれる宇宙人だった」（『LALALA MYSTERY』）
アイゼンハワーの曾孫ローラ・アイゼンハワーは証言する。

「……第二次大戦中、上空にＵＦＯが飛来しました。このとき、曾祖父は地球外生命体がすでにナチスと交渉している事実を知ったのです。戦後、一九五四年、曾祖父は、ニューメキシコ州内の基地で、三回にわたってエイリアンと会合しています。会談をセットしたのはＦＢＩ上層部。会談した宇宙人には、人類を創造したといわれる異星人アヌンナキも含まれていました」

ノルディック（北欧型）宇宙人の外見は、人間そっくりだ。金髪で青い目。北欧人のように見えることからノルディック（北欧型）と呼ばれている。

アイゼンハワーの二度目の会談相手は「グレイ型」宇宙人。一回目とは、まったく姿、形も異なる。一九五〇年代と、今から七〇年近く前に、すでにアメリカ大統領は、エイリアンと〝対面〟していた……⁉ 耳を疑うとは、このことだ。

しかし、この会談を皮切りに歴代大統領は、宇宙人と会見を重ねてきた、というのだ。

最初のアイゼンハワーと宇宙人の会談から、人類社会と宇宙

ノルディック（北欧型）宇宙人は人類に“光”を送る

人との間に、奇妙な相互関係が生まれている。

●「核武装解除」「精神の向上」

アイゼンハワーとノルディック型宇宙人との間で何が話し合われたのか。

大統領は、宇宙人から「核武装の解除」と「精神文明の向上」の道を選ぶように、勧告された、という。

なんと、高度な知的要求だろう。

それは、愛と思いやりに満ちている。

ノルディック（北欧型）宇宙人の高度な精神性を感じる。

彼らは核兵器による全面戦争で、地球人類が滅びることを懸念して来訪してきたのだ。そして、最大国家の指導者であるアイゼンハワー大統領との面会にのぞんだのだ。

しかし、この要求に対してアイゼンハワーは「〝敵国のソ連〟も同じ条件でなければ従えない」と受諾を拒否した。愛の宇宙人たちは、この身勝手な対応に落胆したはずだ。

しかし、彼らは人類の存続と地球の平和をあきらめたわけではない。

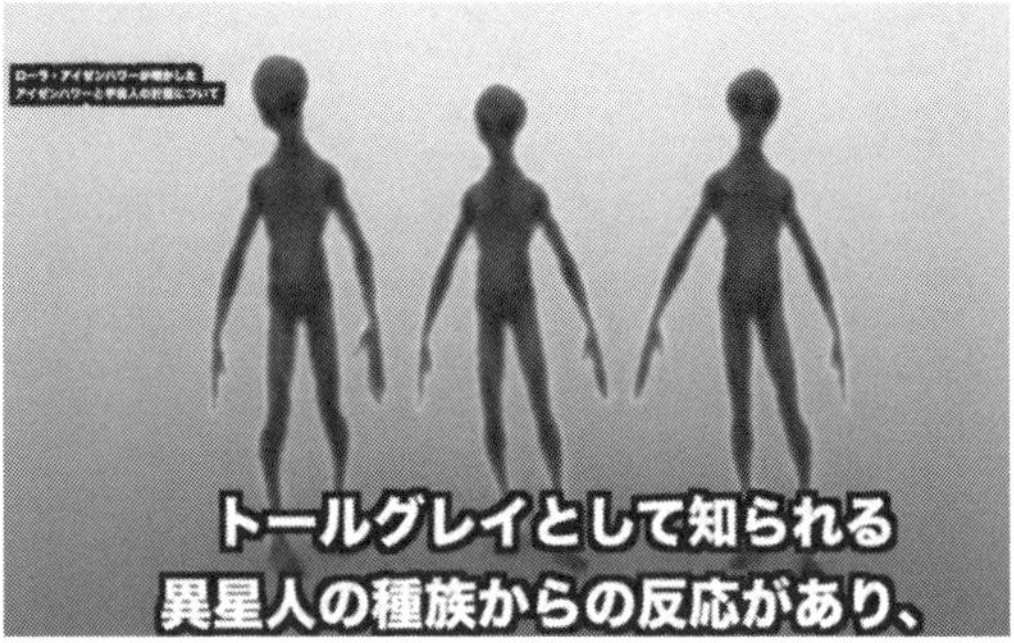

グレイ（灰色）宇宙人は人類を裏切り戦闘状態に

その後も、彼らの「宇宙船」でたびたび飛来し、人類を見守っている。

近年、ソ連に墜落して来た隕石が、大気圏で燃えながら落下してくる途中で、突然、UFOが出現して隕石を破壊した。そのおかげで地上に激突しても、一人の死者も出さずに済んだ。

これも、ノルディック（北欧型）エイリアンの活躍ではないか、と思っている。

グレイ宇宙人との極秘協定『クリル文書』

超技術との取引交渉とは？

しかし、地球にやって来たのは、〝愛の宇宙人〟たちだけではない。

アイゼンハワーの二度目の会談相手はグレイ型宇宙人だった。

この灰色のエイリアンたちは、大統領に次の提案をしてきた。

UFOを飛ばすほどの彼らの高度な技術の提供と引き換えに、ある条件許可を求めてきた。

それは、〝身の毛もよだつ〟提案だった。

それが「地球人を捕らえ人体実験をする」ことの許可だ。

宇宙人の高度技術が、ノドから手が出るほど欲しかったアメリカ政府は、その申し出を受け入れた。エイリアン技術提供の見返りに、自国民を実験材料としてグレイ型宇宙人に、差し出したのだ。

会談は、まさに東西冷戦のまっただ中だった。さらに、宇宙開発で米ソは、しのぎを削っていた。競争相手の旧ソ連より優位性を保つ。そのためにアメリカ政府は、この宇宙人との交渉を極秘に進めた。

他国や他の諸国民を完全に無視したアメリカの独断専行で行われたのだ。

この合意文書こそが『クリル文書』である。

他国を完全無視で、アイゼンハワーはグレイ型と極秘の『互恵協定』を締結した。

それは、米政府とグレイが、相互に守るべき「約束」を明記していた。

しかし、現在の地球上のＵＦＯのふる舞いを見ると、グレイ型は、しばしば〝協定違反〟を犯している。

アメリカ政府は、それを黙認しているのか？

情報公開法で「極秘協定」が暴露された

宇宙人による人体実験とは

一九七四年、一つの変化が起こった。

それは、アメリカで「情報自由化法」が施行されたからだ。

その後、CIAやFBIが、UFO情報を隠蔽《いんぺい》していた事実が、次々に露見した。

その中で「アメリカ政府とエイリアンとの間で交わされた『機密文書』（別名『クリル文書』）の存在が明らかになった。この文書には、「一九五四年二月二一日、（異星人のトップ）とアイゼンハワー大統領が密約に調印した」と記載されていた。

このときの「協定」には、以下の内容が明記されていた。

▼米国政府は、宇宙人から高度科学技術を供与される。
▼人間を、〝実験台〟（被験者）とすることを、認める。
▼被験者の記憶は返還時に抹消されなければならない。

国民を〝実験材料〟で提供

つまり、アメリカ政府は、グレイ型宇宙人の持つ高度な技術情報を受け取るかわりに、自国民を〝実験材料〟として宇宙人に売り渡したのだ。

それは、その後の他国の政府も同じではないか？

これで、ようやく世界で頻発するUFOアブダクションの謎が解ける。

アメリカ政府を筆頭に、自国民を実験材料として差し出していたのだ。さらに、UFO目撃情報や誘拐の訴えに、各国の警察、軍隊、さらに政府まで耳を貸そうとしない理由が、判明した。

各国政府は、エイリアンによる国民の人体実験を協定で認めていたのだ。

だから、捜索なども、おざなりになるのも当然だ。

「……この『協定』によって、ダルシィとネバダの『エリア51』に（米政府と宇宙人の）共有基地が建設されましたが、これは〝悪夢〟の始まりでした。一九六〇年代には、人間の前に、堂々と異星人が姿を見せるようになり、それは、誘拐事件などに発展していきました。異星人は、誘拐した人間のリストを提出しないばかりか、無差別に誘拐をくり返し、時には約束通りには戻さないケースさえありました」（『LALALA MYSTERY』）

家畜、人間を切り刻む

一方で、地下基地でも、恐ろしいことが起こっていた。

「……地下基地のうちの一つでは、『非人道的な行為』が平然と行われていました。『ダルシィ基地』は、広大な敷地に、二〇〇〇人もの異星人が暮らし、基地は七層に別れていました。異星人たちは、五～七層におり、その六層目では、なんと異星人と人間との異種交配や、動物と人間同士を掛け合わせたクローン製造など、おぞましい実験が行われていました。さらに、その下の七階は、『立ち入り禁止』区域であり、〝誘拐された人間〟が、閉じ込められていたことが理由でした。じつは、これこそが異星人の目的だったのです。『彼らが人間や家畜の体を切り刻んでいるのは、直接、皮ふから栄養分を吸収できるようにするためだった。彼らは『人間を食べる』『家畜化する』ためにやって来たのだ」(同)

〝かれら〟は、生き残るため、家畜や人間の体を切り刻み、液体状にした。

それから、化学実験のように調合するのだ。

それからエイリアンたちは、みずからの体をその液体に浸す。

そうして皮膚から必要な〝養分〟として吸収していたのだ。

それは、まさに人類や家畜を、皮膚を通じて〝食べて〟いるのだ。

「……このまま、エイリアンのこのような行為が

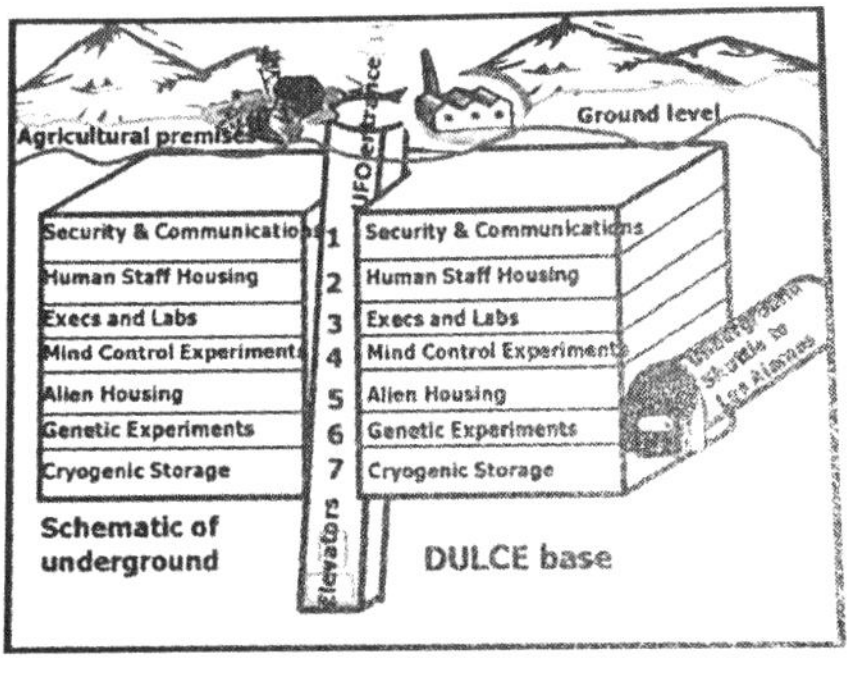

地下
1階　セキュリテイーと通信
2階　人間のスタッフの宿舎
3階　研究所
4階　マインドコントロール 実験場
5階　宇宙人の宿舎
6階　遺伝子の実験場（悪夢のホール）
7階　極低温の保存室

ダルシィの地下に行ったことがある密告者の証言から描かれた絵

続けば『やがて地球全体が乗っ取られることになる！』。ここで初めて危機感を持ったアメリカ政府は、『協定』の締結は誤りだった……と、打ちひしがれます」（『LALALA MYSTERY』）

「ダルシィ・ウォーズ」人類VS.宇宙人との戦い

科学者四四人、軍人六〇人死亡

一九七八年、「ダルシィ・ウォーズ」と呼ばれる最初の戦いが始まった。

この人類VS.宇宙人との戦闘は、どのようして勃発したのか？

その発端は、次のようなものだった。

それは、多くの宇宙人たちと地球人が共存していた「ダルシィ基地」で始まった。

当然、極秘基地とはいえ、地下構造は広大だ。そこには、多くの地球人の研究者、作業員も勤務していた。彼らは地下基地の「立ち入り禁止」地区で、エイリアンたちの本当の〝研究目的〟に気づいたのだ。それは、〝やつら〟が密かに行っている〝食人〟行為だった。

「……このままでは、オレたち全員が〝食われて〟しまうゾ」

作業員や研究者たちは、宇宙人たちとの「共同研究」拒否を宣言した。いわゆるボイコットだ。この職場放棄に研究所側が反発する形で勃発したのだ。つまり、鎮圧する米軍側と反発する作業員や研究者、これに居住していたエイリアンを巻き込んで戦闘状態にまで発展した。

これが「ダルシィ基地での戦い」の発端である。

「……一年以上に及んだ内乱は、最終的に、科学者四四人、軍人約六〇人死亡の甚大な犠牲を出して終結しました」(同)

死亡したグレイ型宇宙人の数は、わかっていない。

ここでは「戦闘終結」に際して、『クリル協定』のような〝和平合意〟がグレイ型宇宙人との間に締結されたものと思える。しかし、この内容は定かではない。

「光」の宇宙人たちは、ノルディック(北欧型)だ

支配するのか? 守るのか?

——遠い宇宙からの来訪者たちは、今も続いている。

これまで述べたように地球にやって来る宇宙人たちも多士済々だ。

第2章のUFOアブダクションに登場する宇宙人たちもそうだ。

その他、レプテリアン(爬虫類型)、ドラコニアン(龍神型)、グレイ(灰色型)、ノルディック(北欧型)……など。

このうち、前三者は、地球人を支配するためにやって来たと考えられる。

レプテリアンは、なかでも最古、最悪の存在だ。ドラコニアンも日本の最古の皇室を支配してきた。グレイは、最新技術とひきかえに、地球人を〝栄養源〟として内戦を引き起こした。

それに対してノルディック（北欧型）宇宙人は、まったく違う。

金髪で青い目、身長約二m、外見は北欧人に似ている。

アイゼンハワー大統領との会見でも「核兵器の廃棄」「精神文明の向上」を呼びかけている。

地球人のアブダクションでも、礼儀正しく、思いやりに満ちている。

タッカー・カールソンが報告した、二〇二三年六月、トランプ元大統領と会見したというのもノルディック（北欧型）宇宙人だ。会見写真を見ても、北欧系白人そのものだ。

彼らこそが、真に友好的なエイリアンと断定できるだろう。

核戦争回避で人類を救う

二〇一五年、このノルディック（北欧型）宇宙人のアメリカへの来訪が確認されている。

ふりかえると、かつての東西冷戦時代、東側と西側は軍拡競争に邁進《まいしん》していた。

とくに核開発にしのぎを削っていた。お互いの領土を狙った核弾頭ミサイルを何千、何万発も装備し、威圧していた。

（実は、この東西冷戦もイルミナティが仕掛けた〝二股支配〟だった。つまりはレプテリアン一族が仕掛けた対立構造なのだ。〝やつら〟は地球の人口を五億人まで削減すると宣言している）

この一触即発の東西陣営の対立のとき、旧ソ連とアメリカは、何度もＵＦＯの接近を受け、各施設の機能を停止させられている。それは、明らかに最終核戦争によって人類が絶滅することを防ぐ目的だったのだ。

この人類を救うために動いたのが、ノルディック（北欧型）宇宙人であることは、まちがいない。

これは、人類絶滅を狙う悪魔的宇宙人レプテリアンとは対極だ。

――レプテリアン（爬虫類型）VS.ノルディック（北欧型）＝「闇」VS.「光」――

つまり、宇宙人にも「敵」もいれば「味方」もいる

スノーデンとノルディック（北欧型）

「……二〇世紀以降、この『光』側の宇宙人が急激に勢いを増している」

この希望の真実を明らかにしたのがエドワード・スノーデンだ。

いうまでもなく彼こそは、ＮＡＳＡで働いた経験もある、ＣＩＡの元職員。さらに、アメリカ最大のスパイ組織ＮＳＡの機密を暴いた英雄だ。

彼は、ノルディック（北欧型）宇宙人が、地球を救うことを期待している。

ノルディック宇宙人の身体的特徴は——

「彼らの目は有害な輻射熱《ふくしゃねつ》やホコリなどに対しては、内側の透明なまぶたで保護されている。そして、夜間視力は極めて鋭い。しかし、紫外線には弱い。聴覚は、超音波とサブ音波を認識できる。味覚は持たず、ベジタリアン。脳は地球人とほぼ同じ。だが、部分的に異なる脳構造がテレパシーや念力など超能力を引き起こす」

地球を守るためにやって来たノルディック（北欧型）宇宙人の中には、アメリカ政府と密約を結んでいる種族もいる、という。

それらがトランプと会談を持ったのは、まちがいない。

宇宙人の存在も明らかにしたE・スノーデン

“かれら”はすでに人間社会にまぎれている

もしや、あなたの隣にも……？

「光」側のノルディック（北欧型）は北欧人そっくりだ。そして、やっかいなことに「闇」側レプテリアン（爬虫類型）も、外見は人間に見える。だから、ふつうの人類と見分けがつかない。

かつて――、三〇年近く前に、たま出版の韮澤《にらさわ》社長がテレビ番組で「もう、宇宙人は地球に来て、身の回りにいますよ」と言って、スタジオ中の爆笑を誘っていた。

「じゃあ、どこにいるのよ。だれが宇宙人なの？」と早稲田の大槻《おおつき》教授やビートたけしらに突っ込まれて、絶句していた。あの困惑した表情を思い出す。

今にして思えば、たま出版社長が正しかったのだ。大槻教授、ビートたけし、謝罪せよ！

ここで、思い出すのは天才学者ニコラ・テスラだ。ＦＢＩ報告書に「テスラは金星人」と書かれていたという〝都市伝説〟。それが、突然、信憑性を帯びてくる。

これまでの経緯を知ると、ノルディック（北欧型）とは親しく付き合えそうだ。

しかし――、レプテリアンとのお付き合いは、願い下げにしたい。

わたしは、もともと蛇やトカゲが生理的に苦手なタイプだ。

前世的に、なにか因縁があるのかもしれない。

人間に化けたレプテリアン

「闇」側のレプテリアンについて、『LALALA MYSTERY』が詳細に解説している。

「……人類の形をした爬虫類『レプテリアン』という〝やっかいな〟種族もいます。身長二〜

二・四m。〝尻尾〟があり、肌はトカゲのようです。彼らは、太古から地球に生息していたと考えられています。彼らを支配下に持っていた〝ドラコニアン〟は翼を持ち、知能の高い種であり、千里眼で邪悪とされていました。（レプテリアンは）銀河系最古参で〝変身〟が可能。人間社会に紛れこんでいるため、何千年もの歳月をかけて、レプテリアンの（人類）完全支配計画は、ほぼ達成されているようです。じつは、アメリカ一ドル紙幣にある『ピラミッドの目』はレプテリアンの目であり、彼らの支配システムを象徴したものである、と言われています」

これは、（1）イルミナティ、（2）フリーメイソン、（3）ディープステートの三層支配構造の頂点を示す。

“闇の勢力” は自らの存在を紙幣でも誇示している

爬虫類が潜む、地球を支配するピラミッド

一三氏族に爬虫類型DNA

そのピラミッドをより詳細に表したのが87ページの図である。

頂点の目の下層が、世界を支配する一三氏族を表している。それは、ロスチャイルド家、ブルース家、ケネディ家、メディチ家……など一三ファミリーが、列記されている。

この一三氏族こそ、地球支配の超エリート階級なのだ。

「……〝かれら〟には、地球上の縄張りと果たすべき特別な任務が与えられ、全員が高い割合で、レプテリアンDNAを保有していると、されています。任務は、主に世界の金融・軍事技術・マインド・コントロール・宗教・マスコミ……など。四次元世界に〝意識〟を持つ〝かれら〟は、この三次元で活動するために、なんらかの〝形態〟をとるため『三つの方法』を実行しています」(同)

それは──。

(1) レプテリアン遺伝子を持つ人間の肉体に乗り移り、生身の人間を「宇宙服」として利用する。

(2) 低層四次元のレプテリアン純血種である。〝かれら〟は、直接、人間の姿から、爬虫類型の宇宙人の姿に〝変身〟できる。このタイプは、正体を隠すために、ふだんは人間の姿で生活をしている。

(3) レプテリアンに取り憑《つ》かれている混血種。〝かれら〟に乗り移られるべく、生まれてきたような存在だ。完全に〝かれら〟にコントロールされる。しかし、その大部分は、まったく自覚していない。しかし、思考はレプテリアンの思考となる。

「〝かれら〟は人間じゃない」ダイアナ妃の悲劇

変身を防ぐため生き血を飲む

では、だれがこれらに該当するのか?

「……たとえば、ヒラリー・クリントン。夫のかつての合衆国大統領ビル・クリントンは、たんに(レプテリアンに)乗っ取られているだけ、と言われています。じつは、ダイアナ妃が、ウィンザー王家の人々のことを、〝トカゲ〟〝爬虫類〟と表現したのも、〝変身〟を目撃したからといいます」(同)

——ここから、〝やつら〟のおぞましい生態が明かされる。

「……じつは、世界の指導者が参加している気色の悪い儀式が存在します。〝ヒトの姿〟を維持する目的で、『人間の血』と『ホルモン』を摂取する儀式だ。その目的は……レプテリアンの思考パターンがDNAを活性化させ、トカゲのような姿に戻ってしまうことを防ぐことだ。そのためには、生け贄の血液や生殖器や臓器を、じっさいに食べたりする必要があるのだ。これは、形式的には、〝殺人〟である。とりわけ、行方不明の子どもたちは、このような最期をとげていることが多いようです」（同）

「〝かれら〟は人間じゃない！」と知人に真剣に打ち明けていたダイアナ妃。彼女が乗った車が、トンネル内の一三番目の柱に激突した。そこは、古代〝メロヴィング一族〟が女神ディアーナに生け贄を捧げていた場所だった。これは、はたして偶然といえるのだろうか？

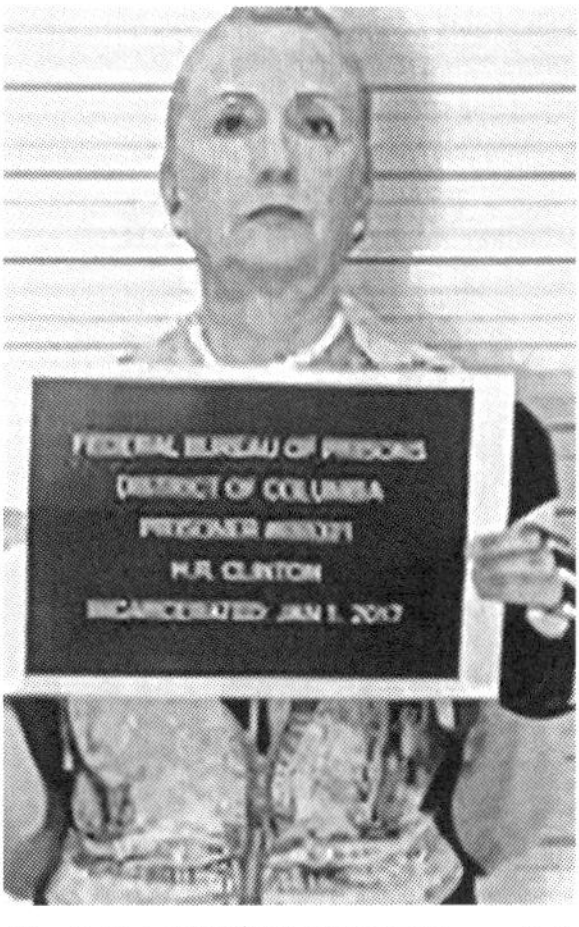
グヮンタナモ刑務所でのヒラリー・クリントン

——以上。初めて知る人には、耳を疑い、目を疑う話ばかりだったはずだ。しかし、〝闇の勢力〟にあらゆることで、だまされてきた。われわれが〝常識〟として信じてきたことが、ことごとく嘘であった。われわれは嘘でまみれた現実をリセットし、白紙の状態で、ものごとを見つめ直さなければならない。

必要なのは、幼子の澄み切ったまなざしだ。

第10章

「悪魔」の支配は終わる「希望」の未来が始まる

――気づこう！　知ろう！　ワクワクのサバイバルレースを楽しもう

新聞・テレビ・国家は「真実」を言えない

「悪魔」の犯罪、大統領選挙

「悪魔」たちの支配は終わろうとしている。

そして、世界の動きは「希望」に向かっている。

その兆候は、いくらでもある。二〇二三年になって、変化の動きは急速だ。

しかし、ふつうにテレビや新聞を見ていては、まったくわからない。これら、マ、ス、ゴ、ミ、こそ、

「悪魔」勢力が支配しているから、当然だ。

この〝闇の勢力〟が総崩れとなってきた。
（1）イルミナティ、（2）フリーメイソン、（3）DSの三層ピラミッドが音を立てて崩壊を始めたのだ。
わたしは『アメリカ不正選挙２０２０』（成甲書房）を取材し、執筆して首をひねった。

それは、もはや不正ではなく、犯罪だった。いや、それどころではない。紛れもなく国家反逆罪だ。悪魔勢力は、トランプから大統領の座を奪ったのだ。わたしは前著を歴史ドキュメントとしてまとめた。原稿は四〇〇字にして一〇〇〇枚を突破した。

それでも入手した証拠情報の半分も書ききれない。この選挙犯罪を告発した女傑弁護士シドニー・パウエルも「証拠は消火栓から噴き出すくらいある」と胸を張った。

証人の供述調書はたちまち一〇〇〇通の厚さを超えた。これは、物的証拠に匹敵する。

世界65カ国が犯罪選挙に荷担し大統領を盗んだ

「社長はやってないと言ってる」

これら証拠の一つだけでも、バイデンの落選と国家反逆罪による逮捕は、決定的だった。

なのに、バイデンが大統領となった。まさに、悪夢というか白日夢だ。

さらに、目を疑ったのが、世界中のマスメディアが、すべてこの「悪魔」の選挙結果を支持したことだ。

わたしは、世界中のメディアが「悪魔」に支配されていることを確信した。

さらに、あらゆる国家も「不正選挙」の存在を口にしなかった。

つまり、世界中の国家も「悪魔」に支配されている。それが、計らずも露呈したのだ。

日本のマスゴミも政府も同じ。朝日新聞などは、まさに「悪魔」に首筋を摑《つか》まえられている。

もはや「知の朝日」でなく、「痴の朝日」である。それを、みずから露呈している。

「朝日」は一貫して「不正選挙はなかった」と言い続けた。そして「不正を言うのは陰謀論だ」。露骨で下品きわまりない論法だ。「朝日」が「不正はなかった」という根拠を聞いて呆《あき》れた。

「……ドミニオンの社長は『不正はやっていない』と言っている」

膝から崩れおちるとは、このことだ。「犯人は〝やってない〟といってるんです」

「これでウラをとった」という。まるで、保育園児だ。

犯人は「やってない」というに決まってるだろう。

そこから調査報道の第一歩が始まるのだ。「朝日」の記者は、そんなイロハも知らない。

保育園なみの〝大新聞〟？　こうして日本の〝知識人〟と言われる人たちは、保育園レベルの新聞を、隅から隅まで目を通して、世界情勢が、〝わかった〟と信じている。

なぜ怯《おび》える？　なぜ黙る？

世界中で圧殺された「真実」は大統領選挙だけではない。コロナ〝殺人〟ワクチンも同じ。mRNAワクチン注射後の急死はインフルエンザ・ワクチンの約一五〇倍。「悪魔」勢力は「地球上の人口を五億人にする」と〝宣言〟している。コロナ・ワクチンは、そのため「悪魔」が人類に強制してきたのだ。

わかりやすくいえば、〝人類皆殺し〟作戦だ。「ワクチン注射をしたら死んだ！」と、人々は驚いている。「殺す」ために打っているのだ。「死ぬ」のは、あたりまえだろう。

しかし、この〝殺人ワクチン〟の正体をあばいたマスメディアは、世界で皆無だった。

これも大統領犯罪選挙と同じ。〝なにか〟がメディアを、国家を黙らせている。

その〝なにか〟の正体が、はっきりしてきた。

世界メディアを黙らせてきたCIC（検閲産業複合体）

イーロン・マスクの英断

世界中のマスコミを黙らせてきた闇の組織があった。

それが、CIC（検閲産業複合体）だ。その正体を暴きだした人物がいる。イーロン・マスクだ。いわずと知れたテスラのCEO。そして、世界一の金持ちだ。

彼が、この言論弾圧の国際組織を炙《あぶ》りだしたのも偶然が重なったことによる。

彼は、二〇二二年、突然、ツイッターを買収して、全世界を驚かせた。それも、〝ポケットマネー〟で……!

買収の理由をたずねられて、ただ一言。

「言論の自由ため」。肩をすくめて、それでおしまい。

ツイッター社も、それまではディープ・ステートの一員だった。つまりは、悪魔勢力の一翼だった。その悪魔性が、発揮されたのが、二〇二〇年、アメリカ大統領選挙だった。

真実のメディアはイーロン・マスクのツイッターのみ

ツイッターは、あろうことかトランプ大統領のアカウントを永久停止する暴挙に出た。

世界最大国家の大統領の言論を封じたのだ。少年のように純真なイーロン・マスクは、それが耐え切れなかった。CEOの突然の気紛れにテスラの株主たちは当惑、テスラの株価は、一時、大暴落した。それでも、マスクは信念を曲げなかった。

「言論の自由が死ねば、民主主義も死ぬ」。

その先には、彼の夢見る「持続可能な未来社会」も到来しない。だから、彼はツイッターという言論機関を丸ごと、買ったのだ。

言論圧殺の監視システム

それからは、電光石火……。その日の内に、世界各国のツイッターCEOを全員クビにした。

翌日は、全社員の四分の三を解雇。なんという早業だ。

さらに、マスクは二人の若者を調査スタッフに任命した。

M・タイビとM・シュレンバーガーだ。彼らに命じた。

「ツイッター社が、これまで行ってきた、〝悪事〟をすべて調査し、報告してほしい」

二人は、同社が行ってきた〝言論弾圧〟〝報道妨害〟などを徹底的に調べ上げた。

こうして、まとめられた膨大なリポートが『ツイッター・ファイル』だ。

二名は、報告書を携えて、下院議会で爆弾証言をしている。

ファイルの中身は、驚愕的だった。下院議員の間にも衝撃が走った。

「……億万長者の〝グローバリスト〟たちは、言論の自由を封じ込めるために、公権力と私権力を統合して、新しい『言論官僚機構』を構築している。これが〝検閲産業複合体〟（CIC）である」（同報告書）

批判者は、すべて闇に〝排除〟する

「個人の自由」は消滅する

〝闇権力〟の言論圧殺の秘密装置が、ついに白日の下にさらされた。

証言席の二名は、こう続けた。

「……CICは、米国内だけでなく、明らかに世界規模で存在している。〝かれら〟は批判者を、すべて〝排除〟する」

〝排除〟とは、おそらく最後には、暗殺も含まれるだろう。

その謀略と実行は、CIAなどが担うのだ。証言は続く。

「……CICは、『言論の自由』をなくし、『個人の自由』を消滅させる。それを目的とした巨大システムが国家の中で、密かに設立されていた」

だから、FOXニュースから、タッカーも〝排除〟されたのだ。

この悪魔の監視システムは、相当前から存在していたはずだ。その監視網は、その他、軍事、諜報システムなどと重層的に機能して、世界中のメディアや国家さらには、学界などを〝監視〟してきたのだ。本書に関連していえば、UFOやエイリアンの存在、さらに、宇宙の真実なども、極秘の隠蔽対象となっていたのだ。

一例をあげれば、アイゼンハワー大統領と宇宙人の会見や、火星に人類をテレポートさせた「ペガサス計画」などの情報が、いっさい表に出なかったのも、CICの隠蔽工作によるものだったはずだ。

「監視」「命令」「恫喝」

わたしは、このCIC（検閲産業複合体）の存在について、論文を書いた（月刊『ザ・フナイ』二〇二三年八月号）。一部を採録する。

――ここで、謎が解けた。

なぜ、世界のマスコミは真実を伝えないのか？

なぜ、世界の政治家は、真実を語らないのか？ なぜ、世界の学者たちは真実に口を閉ざすのか？

理由は、背後から〝彼ら〟を「監視」「命令」「恫喝」する闇の国際組織（ＣＩＣ）が存在しているからだ。

ＣＩＣにより、世界レベルで、言論圧殺が今日も行われ続けている。

こうして、世界のメディアは腐敗していった。

それは、日本のＮＨＫ、テレビ、新聞……みんな同じだ。

最後に残ったツイッター

社会評論家の及川幸久氏が、ＣＩＣに監視、弾圧され腐敗したニュース業界の堕落ぶりを暴露している。

〈ニュース業界、腐敗の仕組み〉

（１）ニュース業界では「真実」を伝える自由に〝限界〟がある。

（２）その限界を越えようとする記者・キャスターはクビになる。

（３）業界には、〝言えないこと〟という腐敗したルールがある。

（４）英語圏メディア業界人たちはこのことをみんなわかっている。

――これは、下院議会での二名の告発証言にもとづく。
二人の若者スタッフは、こう告発している。
（5）人々が「真実」と思うことを言えないなら自由社会はない。
（6）なぜなら「言論の自由」は、民主主義の前提条件だからだ。
（7）それこそがアメリカ憲法「修正第一条」の意味なのである。
（8）「言論の自由」を認めるプラットフォームはほぼ皆無であることに驚く。
（9）世界で最後に残ったのが（マスク氏買収の）ツイッターだ。

希望の扉は開かれた。「闇」の支配から「光」の未来へ

「知る」ことは勝利だ

「無知」は罪である。そして「知る」ことは勝利なのだ。
世界の言論を圧殺してきた闇の組織ＣＩＣの存在も暴かれた。
今、人類史、二〇〇〇年に渡る悪魔支配が終わろうとしている。
その兆候は、枚挙にいとまがない。

■量子力学の登場：すべての学問をくつがえす。それは、既成の宗教、哲学、科学の終わりを意味する。そうして、まったく新しい宇宙論、空間論、時間論などが登場してくる。

本書では、その一端を解説した。

■ＵＦＯの実在：二〇二二年、アメリカ議会で五〇年ぶりにＵＦＯに関する公聴会が開催された。米軍部もＵＦＯの存在を公式に認めた。ＵＦＯ技術の反重力機〝ＴＲ‐３Ｂ〟も実質、公開されている。これは、まさにエイリアンの存在証明だ。

■極秘情報の漏洩：アイゼンハワー大統領と各種宇宙人との対談と『クリル協定』、「ペガサス計画」など。超極秘の情報が次々に漏洩している。もはや、隠し通すのは不可能。公式に認定されるも近いだろう。

■エイリアン出現：近年のアブダクション、目撃情報は、きわめてリアル。映像の漏出も止まらない。トランプ元大統領が宇宙人と面会！　タッカー・カールソンなどのような硬骨ジャーナリストが次々に現れることは、まちがいない。

■旧メディア崩壊：世界のテレビ、新聞の凋落はすさまじい。アメリカでは「ＴＶ・新聞を信じる」は、わずか一一％。旧メディアの衰退、消滅は、それにより人類を操作してきた〝闇の勢力〟の衰退につながる。

■**SNSの隆盛**：これらは第三のメディアだ。VODで正確で詳細な情報が瞬時に入手できる。さらに、ツイッターのようにCICのチェックや監視を免れたメディアが爆発的に増えるだろう。

■**欧米の没落**：ウクライナ戦争で、四分の三の国が、欧米に反旗をひるがえした。BRICS結成で、ロシア包囲網は失敗。欧米包囲網が完成。（イルミナティが支配する）白人国家は、燃料費五倍というインフレに襲われ、衰退していく。

■**バイデンの末路**：弾劾裁判がカウントダウン。往年の悪事が噴出してきた。影武者であることもばれるのも時間の問題だ。「ジム・キャリーが演じてる？」とベンジャミン・フルフォード氏。不正選挙時の国家反逆罪による処刑者リストも公開されるかもしれない。

■**トランプ復活**：元トランプ大統領の人気は絶対的、大統領への復帰は確実だろう。そのとき世界の未来は大きく希望に舵を切るだろう。

■**BRICS台頭**：本書で述べたように、二〇二三年、反欧米の第三世界連合がアッというまに結成された。「第三世界経済圏」がこれから世界の中枢となる。G7、NATO、EUは衰退の一途を辿る。

■**中東諸国の結束**：これまで反目していた中東諸国が、みるまにアラブ連合として結束した。それは「反米、親中」で、BRICSに加盟する。ドル石油体制は、完全に崩壊した。

■〝ネサラ・ゲサラ〟：共産主義は悪夢であり、資本主義は詐欺である。「中央銀行」「通貨発行権」を国家に取り戻し、「信用創造」「兌換通貨」を国民に還元する。そのための金融改革が世界的に進行する。

■医学の衰退：ドイツの死神ドクター、ウィルヒョウを祖とする現代医学は、殺戮《さつりく》医学である。人類の死因一位が医師なのだ。「医療の九割が消えれば人類は健康になれる」（メンデルソン博士）。ようやく、患者もこの真実に気づき始めた。現代医療の大崩壊は近い。

■学問の大崩壊：経済学、物理学、心理学、医学、栄養学……すべてペテンだった。それは、悪魔支配による人類〝洗脳〟装置。あらゆる学問……知の体系が、大崩壊する。

夜明けは近い……

――あげていたらキリがない。

いま、現代の虚妄体系が急激に大崩壊を始めている。

旧体制（アンシャン・レジーム）が、大音響を立てて、瓦解を始めたのだ。

これは、じつに壮大な光景だ。それは、言い方を変えれば、悪魔の大神殿の崩壊だ。

地球上のあらゆる所に、「悪魔たち」は潜んできた。

しかし、おびただしい伏魔殿が、眩《まぶ》しい「光」にさらされている。

表面には、次々に亀裂《きれつ》が走り、崩落して、瓦礫《がれき》と化していく。じつに壮快である。

二〇二三年夏、世界の人々は先行きの見えない未来に、言いようのない不安を抱いている。

しかし、案じることはない。

「――夜明け前が、いちばん暗い」のだ。

夜明けは、もう近い。もうすぐ闇に曙光《しょこう》が射し始めるだろう。

本書も、その一条の光である。あなたの心は躍ったはずだ。

そう――、
夜明けは近い。

エピローグ
教科書を捨てよ！「知」の冒険に旅立て……！
——九割は落ちこぼれる。ワクワクのサバイバルレースを楽しもう。

古い上着よサヨウナラ、新しい上着よコンニチハ

「ちがう！」思わず口に出る

本書タイトル『幽体離脱』に、ほとんどの人は引いたはずです。

中には、〝ドン引き〟の人もいたでしょう（苦笑）。

それも、ムリはない。

「こんなこと教科書には一行も書いてない！」「NHKも言ってない！」「朝日新聞にも載ってない！」

だから、九割の人の口から、反射的に次の言葉が出てくるでしょう。

「フェイクだ！」「都市伝説だ！」「陰謀論だ！」……そして、冷ややかに肩をすくめる。

「……こんな、与太話につきあってられないネ」

心理学に「防衛機制」という概念があることを、ご存じでしょうか？

本文でも述べたように人間が、自分自身を守る生理的メカニズムです。

ヒトは「常識」と別の「情報」に接すると不快になります。

これは、ほとんどのヒトに起こります。生理的反射です。思わず「ちがう！」「嘘だ！」と、無意識に言葉が出ています。それも、大脳が体を守るための反射システムなのです。

教育・報道でつくられた常識

なぜ、このような反射が働くのでしょう？

コンピュータで考えれば、わかりやすい。わたしたちが日々したがって生きている「常識」とは、一種の〝ソフト〟です。それによって生活しているかぎり、なんの問題もありません。サクサクと日々を過ごすことができます。

しかし、その「常識」という〝ソフト〟を作成したのは、いったい〝誰〟でしょう？

それは、まず「教育」です。そして「報道」です。学校教育とマスコミ……これらが、二大情報源です。この教育とメディアが、〝見えない悪意〟によって操作されていた、としたらどうでしょう?

それは、わたしたちの日々を動かす「常識」という〝ソフト〟が操作されていることになります。

「そんなこと、あるわけない」もう、思わず口に出たでしょう。

「NHKは、きちんとしてる」「朝日は、まじめだよ」

もうテレビ、新聞は信じない

はたして、そうでしょうか?

二〇二〇年、米大統領選挙の不正犯罪に、多くのアメリカ市民が、驚き、目覚めた(参照『アメリカ不正選挙2020』成甲書房)。

日本は、約七割の人が、いまだテレビ、新聞を信じているようです。

それも無理はない。日本人の正直さ、純粋さは、世界屈指です。

それは、世界中の人々から称賛されています。しかし、馬鹿正直という言葉もあります。

正直は素晴らしい。しかし、馬鹿がついたら、これはたんなる〝馬鹿〟です(残念!)。

「……御上のなさることに、まちがいはねぇ」

これが、江戸庶民の世渡りの智恵でした。

二〇〇年近く続いた江戸太平の世だったら、それもありかも、しれません。

しかし、現代は江戸の世ではなく、国際社会です。日々刻々、変化のスピードもすさまじい。日進月歩どころか秒進分歩……。アレヨアレヨ……という間もない急激な変化です。

量子力学で人類史が変わる

本書は、その劇的な変化でも、最先端の情報をまとめたものです。

「ついていけない！」。そう思うのも当然です。取材を進め、執筆していったわたしですら、呆然とする事実が続発しているのです。

とりわけ、この二〇二三年は、とんでもない変化の年になりそうです。

おそらく、二〇〇〇年の人類史は、根底から覆るでしょう。

そのキーワードは量子力学です。この最新科学は、これまでの「常識」を根底から打ち砕いてしまった……。ガラガラポン……。あらゆる価値が崩壊してしまった。

本書は、その驚天動地の一端を、みなさんに示したにすぎません。
（1）「量子もつれ」、（2）「重ね合わせ」、（3）「テレポーテーション」
それは、超常現象とされたあらゆる神秘を解明した……といっても過言ではありません。

「肉体」「幽体」「霊体」……「霊魂」「生まれ変わり」「輪廻転生」……「ＵＦＯ」「エイリアン」。

あたまがクラクラするのもあたりまえ。

あなたの頭の中の古い「常識」が必死で抵抗しているのです。

スタートラインは、みな同じ

しかし、昔から言うではありませんか。

「古い上着よ、サヨウナラ」

いま、人類は、新しい衣服をはおるときです。それは、「希望」という上着です。

「新しい上着よコンニチハ」

新鮮な衣をはおって、新しい「知」の冒険に旅立とうでは、ありませんか！

老若男女——スタートラインは、同じです。

生命の躍動に火を点し、和気あいあい！

さあ、サバイバル・レースを、ゆったり楽しんで生きましょう。


目に染みる、名栗渓谷の新緑を眺めつつ……船　瀬　俊　介

★参考文献

『前世を記憶する子どもたち』（イアン・スティーヴンソン著　笠原敏雄訳　日本教文社）
『量子力学で生命の謎を解く』（ジム・アル＝カリーリ他著　水谷淳訳　SBクリエイティブ）
『死後の謎に挑む』（今村光一著　日本文芸社）
『量子論のすべてがわかる本』（科学雑学研究倶楽部編著　学研プラス）
『５度の臨死体験が教えてくれたこの世の法則』（小林健著　イースト・プレス）
『５度の臨死体験でわかったあの世の秘密』（小林健著　イースト・プレス）
『超能力』（関英男著　光文社）
『NASAは“何か”を隠してる』（船瀬俊介著　ビジネス社）
『月はUFOの発進基地だった！』（コンノケンイチ著　徳間書店）
『宇宙の存在《いのち》に癒される生き方』（天野仁著　徳間書店）
『水は知的生命体である』（増川いづみ他著　風雲舎）
『水の科学』（大坪亮一著　東宣出版）
『歓喜《よろこび》のアカシック』（中谷由美子著　ヒカルランド）
『魂の恋愛』（尾崎真奈美著　ベストセラーズ）
『見えない世界の科学が医療を変える』（長堀優著　でくのぼう出版）
『自我と無意識』（C・G・ユング著　松代洋一他訳　第三文明社）
『この世の99％を動かす量子の秘密』（岩尾朋美著　ヒカルランド）
『超微小生命体ソマチットと周波数』（増川いづみ・福村一郎著　ヒカルランド）
『ソマチッドがよろこびはじける秘密の周波数』（宇治橋泰二著　ヒカルランド）
『鉱石・波動の可能性を求めて』（高木利誌著　明窓出版）
『地上最強の量子波＆断食ヒーリング』（森美智代・小林健・船瀬俊介著　ヒカルランド）
『手かざしのすすめ』（関口勝利著　陽光社）
『夢判断（上）』（フロイト著　高橋義孝訳　新潮文庫）
『フリーメーソン・イルミナティの洗脳魔術体系』（テックス・マーズ著　宮城ジョージ訳、ヒカルランド）
『ロックフェラー回顧録（上・下）』（デイヴィッド・ロックフェラー著　楡井浩一訳　新潮文庫）
『命の不思議探検』（徳永康夫著　たま出版）
『霊性を高める少食法』（森美智代著　徳間書店）
『波動こそが病気を治す』（萩原弘道著　PHP研究所）
『意識を変えると運命は変わる』（(一社) フォノンアート著　フォノンアート）
『未来を救う「波動医学」』（船瀬俊介著　共栄書房）
『世界に広がる「波動医学」』（船瀬俊介著　共栄書房）
『ガンを治す「波動医学」』（船瀬俊介著　共栄書房）

『なぜ中国は認知症に「音響チェア」を導入したのか？』（船瀬俊介著　徳間書店）
『「波動医学」と宗教改革』（船瀬俊介著　ヒカルランド）
『スピーカー革命』（船瀬俊介著　ヒカルランド）
『めざめよ！　Wake up』（船瀬俊介著　ヒカルランド）
『世界をだました５人の学者』（船瀬俊介著　ヒカルランド）
『マトリックスの子供たち』（デーヴィッド・アイク著　安永絹江訳　ヒカルランド）
『答え――コロナ詐欺編』（デーヴィッド・アイク著　高橋清隆訳　ヒカルランド）
『ハイジャックされた地球を99%の人が知らない（上・下）』（デーヴィッド・アイク著　本多繁邦訳　ヒカルランド）
『世界の衝撃的な真実――闇側の狂気』（佐野美代子著　ヒカルランド）
『世界の衝撃的な真実――光側の希望』（佐野美代子著　ヒカルランド）
『世界の諜報機関FILE』（国際情報研究倶楽部編　学研プラス）
『自由からの逃走』（エーリッヒ・フロム著　日高六郎訳　東京創元社）
『マルクスの超素顔』（在田実著　徳間書店）
『アインシュタインと科学革命』（ルイス・S・フォイヤー著　村上陽一郎他訳　法政大学出版会）
『AWGは魔術か、医術か？』（俊成正樹著　五月書房新社）
『ウォーター・サウンド・イメージ』（アレクサンダー・ラウターヴァッサー著　増川いづみ監訳　ヒカルランド）
『CMC［カーボンマイクロコイル］のすべて』（元島栖二著　ヒカルランド）
『病気を自分で治せる「気」のパワー』（丁 治紅著　三笠書房）
『ホメオパシー的信仰』（由井寅子著　ホメオパシー出版）
『宝石のエネルギー』（岡本憲将著　講談社）
『医療殺戮』（ユースタス・マリンズ著　天童竺丸訳　ともはつよし社）
『トランプとQアノンとディープステイト』（菊川征司著　ヒカルランド）
『知られざる世界権力の仕組み（上・下）』（ユースタス・マリンズ著　天童竺丸訳　成甲書房）
『異星文明の巨大証拠群』（コンノケンイチ他著　徳間書店）
『フロイト――視野の暗点』（ルイス・ブレーガー著　弘田洋二他訳　里文出版）
『精神分析入門（上）』（フロイト著　下坂幸三他訳　新潮文庫）
『形象・数・音で鍼灸医学を科学する』（三角大慈著　医学舎）
『崩壊する新聞』（黒藪哲哉著　花伝社）
『おテレビ様と日本人』（林秀彦著　成甲書房）
『そして第三次世界大戦が仕組まれた』（及川幸久著　ビジネス社）
『真のユダヤ史』（ユースタス・マリンズ著　天童竺丸訳　成甲書房）
『新版　カナンの呪い』（ユースタス・マリンズ著　天童竺丸訳　成甲書房）
『日米地位協定の考え方』（琉球新報社編　高文研）
『民は愚かに保て』（カレル・V・ウォルフレン著　篠原勝訳　小学館）

［略歴］

船瀬 俊介（ふなせ しゅんすけ）

地球文明批評家。1950年、福岡県生まれ。九州大学理学部を経て、早稲田大学文学部社会学科卒業。日本消費者連盟スタッフとして活動の後、1985年独立。以来、消費・環境問題を中心に執筆、評論、講演活動を行う。主なテーマは「医・食・住」から文明批評にまで及ぶ。近代以降の約200年を「闇の勢力」が支配し石炭・石油・ウランなどで栄えた「火の文明」と定義し、人類の生き残りと共生のために新たな「緑の文明」の創造を訴え続けている。有為の同志を募り月一度、「船瀬塾」主宰。未来創世の端緒として、「新医学宣言」を提唱、多くの人々の参加を呼びかけている。主な著作に『完全図解版牛乳のワナ』『新装版３日食べなきゃ、7割治る！』『NASAは“何か”を隠してる』（以上、ビジネス社）、『未来を救う「波動医学」』『コロナと５G』『コロナの、あとしまつ』（以上、共栄書房）、『病院に行かずに「治す」ガン療法』『原発マフィア』（以上、花伝社）、『クスリは飲んではいけない⁉』『ガン検診は受けてはいけない⁉』（以上、徳間書店）、『できる男は超小食』（主婦の友社）、『日本の真相！知らないと「殺される‼」』（成甲書房）、『世界をだました５人の学者』『めざめよ！』（以上、ヒカルランド）などベストセラー多数。

船瀬俊介 公式ＨＰ　http://funase.net/
無料メルマガ『ホットジャーナル』発信中！
https://www.pdfworld.co.jp/5963/mm_form.html

幽体離脱　量子論が〝謎〟を、とく！

2023年10月１日　　第一刷発行

著　者　船瀬俊介
発行者　唐津 隆
発行所　株式会社ビジネス社
〒162-0805　東京都新宿区矢来町114番地 神楽坂高橋ビル5F
電話　03(5227)1602　FAX　03(5227)1603
https://www.business-sha.co.jp

〈装幀〉林陽子（SparrowDesign）
〈本文組版〉茂呂田剛（M&K）
〈印刷・製本〉中央精版印刷株式会社
〈営業担当〉山口健志
〈編集担当〉赤塚万穂

ISBN978-4-8284-2555-9

ビジネス社の本

NASAは〝何か〟を隠してる

UFO、天体、エイリアン……
宇宙は嘘に満ちている！

船瀬俊介……著

定価1760円（税込）
ISBN978-4-8284-2471-2

それでも、宇宙には
〝何か〟がいる……！

空を見ろ！　そこに、すべての「答え」がある。
2022年、米議会下院で50年ぶりの
「UFOに関する公聴会」が行われ、
アメリカの国防には「対宇宙政策」が打ち出された。
「それは本物か？」の議論から
「それは何か？」に進展しつつある。
もう「トンデモ」と目を瞑ってはいられない！

本書の内容